Le meilleur de l'humour français

MICHEL LEEB

La valise en croco
Le dictionnaire du rire de Michel Leeb
Le meilleur de l'humour français

J'ai lu 3516/3

Michel Leeb

Le meilleur de l'humour français

Du XVIe siècle à nos jours

Éditions J'ai lu

INTRODUCTION

Le mot «humour», venu d'Angleterre en France au début du XVIIIe siècle, était une adaptation de notre mot «humeur».

L'esprit, le plaisant, l'insolite, la gaieté, l'imagination, le comique sont autant d'éléments qui constituent, à mes yeux, l'humour français.

A ces composantes-là, il faudrait en ajouter d'autres telles que: l'ironie, c'est-à-dire la manière de se moquer de quelqu'un ou de quelque chose; la dérision, c'est-à-dire le mépris qui incite à rire ou à dénigrer. Complétons la liste avec le persiflage, la raillerie, la risée, les sarcasmes, la moquerie, la malice, la facétie, la boutade, la pointe, la saillie, la repartie, la réplique ou la riposte et nous voici au cœur de ce livre d'humeur et d'humour, dont l'ambition est de faire rire le lecteur comme m'ont fait rire, depuis des années que je les collectionne, toutes ces perles de notre esprit français.

Il eût été trop égoïste de ma part de ne les point partager avec mes contemporains. (Ainsi s'exprimait-on au Grand Siècle!)

On a avancé qu'il existait deux sortes de rire: le rire physiologique et le rire psychologique. Laissons de côté le premier phénomène musculaire et nerveux, pour ne nous intéresser qu'au second, phénomène émotionnel et mental. Il n'est de rire qu'humain, on le sait. C'est ce que traduit la formule de Rabelais : «Le rire est le propre de l'homme.» Bergson, dans son célèbre ouvrage *Le Rire. Essai sur la signification du comique*, abonde dans ce sens : «On rira d'un chapeau, mais ce qu'on raille alors, ce n'est pas le morceau de feutre ou de paille, c'est la forme que des hommes lui ont donnée.» Plus loin le philosophe ajoute : «Pour comprendre le rire, il faut le replacer dans son milieu naturel qui est la société... Le rire doit avoir une signification sociale.» A ce stade, on pourrait ajouter : pour rire, il faut être au moins deux, tout comme, dans une réplique, il faut un émetteur et un récepteur.

Des différentes formes de comique étudiées par Bergson, le comique des formes (le chapeau ridicule), le comique des mouvements (l'homme dans la rue qui trébuche et tombe), le comique de situation (les coups de bâton répétés de Guignol sur le commissaire), le comique de caractère (les défauts de nos semblables comme l'avarice d'Harpagon ou la raideur d'Alceste), le comique de mots, c'est ce dernier qui alimente pour l'essentiel le contenu du présent ouvrage. En effet, il s'agit ici de mots d'esprit, de reparties cinglantes, de boutades ironiques, c'est-à-dire de manifestations d'un comique, ou si l'on préfère, d'un humour créé par le langage même. Cet humour fonctionne par la structure de la phrase et le choix des mots. Exemple :

> *Un ministre questionnait de Gaulle :*
> *— Sur cette question, mon Général, quel est votre point de vue ?*

— *Le plus élevé, cher ami ! C'est le moins encombré.*

Voilà comment, avec deux adjectifs, de Gaulle fait un «mot».

Des mots de cette nature, on en trouvera ici à foison. Du XVIᵉ siècle à nos jours, ils étaient, ils sont philosophes, écrivains et poètes : Voltaire, Rousseau, Rivarol, Chamfort, Piron, Chateaubriand, Balzac, Baudelaire, les Dumas, Proust, Jarry, Renard, Gide, Léautaud, Cocteau, Paulhan, Vian, Dutourd. En voici un autre exemple :

Antoine Blondin arrive au restaurant, commande, comme hors-d'œuvre, un avocat.
— *Ensuite ? demande le garçon.*
— *Je ne répondrai à votre question qu'en présence de mon avocat !*

Ils étaient, ils sont dramaturges, journalistes, comédiens : Labiche, Feydeau, Courteline, Robert de Flers, Tristan Bernard, Sacha Guitry, Alphonse Allais, Alfred Capus, Marcel Aymé, Marcel Achard, Pierre Brasseur, Fernandel, Ionesco...

A ses débuts, Eugène Ionesco ne connut pas le succès : La Cantatrice chauve n'attirait guère de monde. On demanda à l'auteur :
— *Tenez-vous un rôle dans votre pièce ?*
— *Oui, celui du public.*

Ils étaient, ils sont hommes d'Eglise, politiciens : le cardinal de Richelieu, l'abbé Mugnier, le R.P. Riquet, le maréchal de Bassompierre, Talleyrand, Napoléon, Mirabeau, Thiers, Clemenceau...

> *Un proche collaborateur de Clemenceau venait de mourir. Un candidat à la succession dit à celui-ci :*
> *— Je suis tout prêt à prendre sa place.*
> *— Entendu ! lui répondit Clemenceau, vous n'avez qu'à vous arranger avec les pompes funèbres.*

Ils étaient, ils sont musiciens ou peintres : Erik Satie, Forain, Picasso...

> *Une dame demanda avec empressement à Picasso :*
> *— Maître, j'aimerais tant que vous me peigniez...*
> *— Volontiers... prêtez-moi un peigne !*

Aussi différents qu'ils soient, les uns et les autres, par leur époque, leur rang social, leurs activités, leurs engagements, tous possèdent en partage cette vertu particulière d'avoir de l'humour et de l'esprit.

Notre époque, qui est en proie à la morosité, devrait garder en mémoire une devise de notre grand La Bruyère, qui écrivait :

« Il faut rire avant d'être heureux, de peur de mourir sans avoir ri. »

Michel LEEB

P.-S. — Je n'ai pas adopté dans cette anthologie l'ordre chronologique, sauf pour le chapitre II. Auteurs anciens et modernes se côtoient, montrant ainsi la permanence de l'humour français.

I

L'AMOUR, LA GALANTERIE

— Cher monsieur Fontenelle, quelle différence faites-vous entre moi et ma pendule ?

— La pendule marque les heures et vous, madame, vous les faites oublier.

*

Victor Hugo se montrait souvent fort galant. Un soir, une dame très élégante entre chez lui, portant au corsage un bouquet de fleurs naturelles. Le poète écouta l'explication de la dame :

— C'est ma fête !

— Non, madame, c'est la fête du bouquet.

*

On demandait à l'humoriste Rip quelles étaient les dix meilleures années d'une femme.

— Les dix meilleures années d'une femme ? C'est entre vingt-cinq et vingt-six ans.

*

Charlotte Lysès disait à Sacha Guitry :

— Je t'aime, Sacha, et toi ?

— Mais, moi aussi, je m'aime ! répondit Guitry.

*

Piron se trouvait dans une loge, à l'Opéra, à côté d'une femme qu'il connaissait et dont les mœurs étaient douteuses. Comme il la fixait avec insistance, elle lui dit :

— M'avez-vous de vos yeux assez considérée ?

— Je vous regarde, madame, je ne vous considère pas.

*

Talleyrand, dans une soirée, n'avait d'yeux que pour madame Récamier. Madame de Staël lui posa cette question :

— Si nous tombions à l'eau toutes les deux, laquelle vous semblerait digne d'être secourue la première ?

— Je parie, baronne, que vous nagez comme un ange.

*

Dans un dîner chez la comtesse Clauzel, on dissertait de l'amour. Une convive posa cette question :

— Vaut-il mieux aimer ou être aimé ?

— Pour moi, je n'hésite pas. Mieux vaut aimer : on peut choisir ! trancha la comtesse.

*

— Mademoiselle de Lespinasse, ce que veulent les femmes, n'est-ce pas, c'est être aimées ?

— Non, ce qu'elles veulent par-dessus tout,

c'est être préférées, répondit la dame de compagnie de madame du Deffand.

*

Henri IV, entiché de mademoiselle d'Entragues, lui demanda :
— Par où faut-il que je passe pour aller dans votre chambre ?
— Sire, par l'église.

*

Le poète Gilles Ménage nourrit jusqu'à la fin de sa vie une grande passion pour madame de Sévigné. Il lui écrivit :
— J'ai été votre martyr.
Et elle répliqua :
— Et moi, votre vierge.

*

A quatre-vingt-dix ans, Fontenelle courtisait une demoiselle qui lui déclara tout de go :
— Arrêtez… ou je crie !
Fontenelle s'esclaffa :
— Oh oui, criez, cela me fera honneur !

*

On demandait à Marcel Jouhandeau, l'auteur des *Chroniques conjugales* :
— Que faisiez-vous avant de vous marier ?
— Avant, je faisais ce que je voulais.

*

Du mariage :

— Lui, il est fanatique du mariage. Il est vrai que le sien ne date que de quinze jours.

— Oui, il est encore tout feu tout femme.

*

Une femme à son mari, désignant des voisins :

— Tiens, regarde... Lui, il embrasse sa femme à chaque fois qu'il sort. Tu pourrais en faire autant !

— Moi, je veux bien, mais je ne la connais pas suffisamment pour prendre cette liberté.

*

Alexandre Breffort commandait à un chauffeur de taxi, à Paris :

— Rue des hommes mariés !

Comme le chauffeur ne comprenait pas, Breffort expliqua avec un profond soupir :

— On voit bien que vous êtes célibataire ! Je vais rue des Martyrs !

*

Augustine Brohan apprit qu'un homme et une femme, célèbres pour leurs médisances et leurs ragots, venaient de se marier et de partir pour Venise en voyage de noces.

— Ils ont été en Italie passer leur lune de fiel ! lança-t-elle.

*

Un gendre comparaissait devant un tribunal pour insulte à sa belle-mère. Il prit le maximum. Le condamné demanda alors au juge :

— Ainsi, c'est vraiment une insulte grave que d'appeler une femme «chameau»?

— Sans aucun doute, cher monsieur.

— Et si j'appelle *madame* un chameau, suis-je punissable?

— Mais enfin, bien sûr que non!

Le gendre se tourna vers sa belle-mère avec une sombre courtoisie et lui dit très fort :

— Bonsoir, *madame!*

*

Barbey d'Aurevilly se plaisait à dire que toutes les femmes étaient des anges descendus du ciel pour le bonheur des hommes.

Une femme au nez camus demanda à l'écrivain :

— Regardez mon nez et osez me dire, à moi aussi, que je suis un ange!

— Oui, je l'ose. Vous êtes un ange, madame, mais tombé des cieux sur le nez.

*

Une dame questionna ainsi Alexandre Dumas :

— Cher maître, vous qui savez tout dire et qui pouvez tout dire, y a-t-il une grande différence entre l'amour et l'amitié?

— Une différence énorme, madame. Du jour à la nuit!

*

— Je t'aime.

— Moi non plus.

Cette réplique, popularisée par Serge Gainsbourg, se trouve presque mot pour mot dans le *Journal* du dramaturge Maurice Donnay :

— Tu m'aimeras toujours ?

— Toi non plus.

*

Mistinguett à une jeune actrice :

— Avez-vous eu l'impression que la terre tourne ?

— Non.

— Alors, vous n'avez jamais été embrassée comme il faut.

*

Cécilia (lisant une ancienne lettre d'amour) :

— Je n'aime que toi et je n'ai que ton nom à la bouche...

François :

— Il ne faut jamais écrire la bouche pleine...

(Henri Jeanson, *Entrée des artistes*)

*

Le prince de Conti avait une apparence physique ingrate et une femme pleine d'esprit. Avant de partir en voyage, il dit en plaisantant à son épouse :

— Madame, je vous recommande surtout de ne pas me tromper pendant mon absence.

— Monsieur, vous pouvez partir tranquille, je

n'ai envie de vous tromper que lorsque je vous vois.

*

Fontenelle, de bon matin, rendait visite à une jolie femme qui dit au vieillard, en riant :

— Vous voyez, monsieur, qu'on se lève pour vous !

— Oui, mais vous vous couchez pour un autre, ce dont j'enrage.

*

Extrait de *L'Institut de beauté* d'Alfred Capus. Deux femmes discutent de leurs rapports avec la gent masculine.

— Moi, je suis pour l'ancien système : les bijoux, les toilettes, le luxe.

— Et vous accepteriez cela du premier venu ?

— Un homme capable d'offrir un hôtel avec domesticité à une femme n'est jamais le premier venu.

*

Alors que Lana Marconi allait devenir la cinquième épouse de Sacha Guitry, un ami fit des compliments sur les mains de celle-ci :

— Des mains admirables, en vérité !

— Oui, ce sont ces belles mains-là qui me fermeront les yeux... et qui ouvriront mon coffre.

*

La fille du principal du collège avec qui Alphonse Allais flirtait gentiment lui disait, un soir d'été, en promenade, par un splendide clair de lune :

— Tiens ! La lune est pleine...

— C'est ma foi vrai, nota Allais. Mais je vous jure que j'ignore qui l'a mise dans cet état !

*

Un jour, voyant passer une femme d'une hauteur démesurée au bras d'un tout petit bonhomme, Capus avait dit :

— Décidément, elle est mieux comme homme que lui comme femme !

*

Dialogue signé Jules Renard.
Lui :
— Je vous fais peur ?
Elle :
— Non ! Et je voudrais bien vous rencontrer, tout seul, un soir, au fond d'un bois.

*

On demandait à Sacha Guitry son opinion sur les joies éventuelles du mariage.

— Le bonheur à deux, affirma-t-il, ça dure le temps de compter jusqu'à trois.

*

Agé de soixante-dix-neuf ans, Victor Hugo fut victime d'une attaque. La toujours fidèle Juliette prévint le médecin que le poète avait encore de nombreuses aventures. Le médecin parla ainsi au poète :

— Monsieur Hugo, en ce qui concerne les rapports, soyez prudent, modérez-vous !

— Tout de même, ronchonna le poète, la nature devrait prévenir !

*

Sacha Guitry dans sa meilleure forme :

— Dieu que tu étais jolie, hier soir, au téléphone !

*

Pierre Véron, anecdotier du XIXe siècle, rapporte le dialogue suivant :

— Mademoiselle Nicole, dit quelqu'un dans un groupe, mais n'est-ce pas elle qui devait épouser ce pauvre Robert ?

— Précisément !

— Mâtin ! Il peut se vanter de l'avoir échappé laide !..

*

«Dire je t'aime, c'est dire je te mange», a écrit le poète Pierre Emmanuel. Certains humoristes avaient exploité cette idée, tel Maurice Donnay à qui l'on doit cet échange :

— Je vous aimais tant au début de notre mariage que je vous aurais volontiers dévorée !

— Et maintenant ?

— Maintenant, je regrette de ne pas l'avoir fait.

*

Tristan Bernard et sa femme faisaient des courses dans un grand magasin quand une vendeuse demanda, péremptoire :
— Vous êtes ensemble ?
L'humoriste fit mine de calculer et répondit :
— Oui, depuis vingt ans...

*

Les deux exilés se sont réfugiés à Bruxelles.
Dans la chambre d'Henri de Rochefort, séparé de sa femme, manquait une descente de lit. Victor Hugo suggéra d'aller en acheter une. Rochefort était si démoralisé qu'il s'y opposa. Victor Hugo ne put s'empêcher de le blaguer :
— Oui, oui, ce qu'il vous faudrait plutôt, c'est une indécente de lit !

*

— Mes compliments, mon cher, on me dit que tu te maries dans huit jours...
— Non, dans deux mois. J'ai obtenu un sursis.

*

Extrait de *Nono*, de Sacha Guitry.
— Dis-moi... dis-moi qu'un jour tu me reviendras !
— Un jour peut-être, mais pas plus !

*

Extrait du *Journal* de Jules Renard.
— Bien des choses à votre femme.
— Aucune! Elle choisirait les plus indécentes!

*

L'humoriste Alfred Capus n'était pas bien marié, selon lui. On lui demanda:
— Vous avez de la famille, monsieur Capus?
— Oui, madame, j'ai une femme, si mes souvenirs sont exacts.

*

Le célèbre journaliste gastronomique Curnonsky affirmait avoir entendu ces propos entre deux femmes parlant d'une troisième:
— Tu sais qu'elle se marie?
— Je ne savais même pas qu'elle était enceinte!

*

Une dame demandait à Henri de Rochefort des renseignements sur les conditions de survie pendant le siège de Paris, en 1871.
— Est-il vrai que les femmes aient été obligées de manger du chien?
— Rien de plus vrai! On espérait même que cela leur donnerait quelques principes de fidélité!
— Et non? Non?... Cela n'a pas marché, n'est-ce pas?
— Non, pas du tout. Ça a produit un tout autre effet: elles ont demandé des colliers.

*

Un journaliste du *Temps* se maria sur le tard. Peu après le mariage, le journaliste confia à son directeur, Adrien Hébrard :

— Je me sens fatigué, ces jours-ci.

— Cela ne viendrait-il pas du *surmenage* ?

*

Emile de Girardin s'obstinait à dire « mademoiselle » à une femme, fort laide. Celle-ci tenait à se faire appeler « madame ».

— Il est vrai, avoua-t-elle, que mon état de mariage a peu duré. J'ai perdu mon époux au bout de quinze jours.

— Il en est mort ?

*

Le romancier Willy fut accosté par une admiratrice :

— Figurez-vous, m'sieur, que j'ai rêvé que vous étiez dans mon lit.

— Bizarre coïncidence, j'ai rêvé que j'entrais à l'hôpital !

*

A l'annonce du décès de la femme, réputée demi-mondaine, d'un journaliste de son équipe, et apprenant que ce dernier supportait mal cette disparition, Adrien Hébrard déclara :

— Mais qu'il se console donc ! Il la retrouvera dans un demi-monde meilleur.

*

Jules Renard cite, dans son *Journal*, ce dialogue d'un couple. Lui a vu quelqu'un serrer de trop près sa femme.

— Dis-lui donc d'en finir !

— Ah, dis-le-lui, toi ! Moi, je ne le connais pas, ce monsieur.

*

Une duchesse annonçait dans un salon que ses trois fils étaient mariés. La grande dame se rengorgeait. L'humoriste Robert de Fitz-James intervint au moment où la duchesse concluait par ces mots :

— Enfin, mes fils sont placés maintenant !

— Placés, oui, mais pas « gagnants » !

*

Guitry plaisantait sur ses maîtresses lorsqu'un ami, un peu naïvement, lui dit :

— Comment ? Moi qui vous prenais pour un mari modèle ! Vous n'êtes donc pas fidèle à votre femme ?

— Si... Si... Souvent !

*

Arthur Meyer, journaliste du *Gaulois* à la Belle Epoque, était un juif converti. Il avait épousé à soixante ans l'illustre mademoiselle de Turenne. A la sortie d'une soirée mondaine à laquelle le couple venait de participer, un plaisantin lança :

— Le coupé de madame Arthur Meyer est avancé !

*

Le président demande à l'accusé :

— Enfin, vous avez jeté votre femme sur les rails au moment où le train passait, c'est bien cela ?

— C'est exact, monsieur le président, mais il faut que je vous dise : je lui expliquais quelque chose et, comme elle ne comprenait pas, je l'ai mise sur la voie.

*

Extrait du *Journal* de Jules Renard.

— Je me déshabille.

— C'est ce que tu as de mieux à défaire.

*

Quelqu'un était prévenu du divorce d'un jeune ménage.

— Ils se séparent parce que la dame ne parvient pas à jouer correctement au bridge.

— Enfin ! Au moins en voilà deux qui ne divorcent pas sans raison.

*

— J'adore les enfants des autres ! disait un célibataire à Philippe Dennery, qui répliqua :

— Eh bien ! Mariez-vous donc !

*

Un paysan comparaissait, au XIXe siècle, devant un tribunal. Le procureur exposa le motif d'inculpation :

24

— Vous êtes accusé d'avoir battu votre femme.

— Je suis innocent! Allons donc, celui qui frappe une femme, il se trompe. Il est comme celui qui frappe sur un sac de farine : tout le bon s'en va, et le mauvais reste.

*

Dans un repas, une femme divorcée, assise à côté du romancier Georges Conchon, déballait ses états d'âme.

— Figurez-vous que, par moments, j'ai besoin d'être méchante, de faire du mal à quelqu'un...

— Eh bien... remariez-vous!

*

Extrait de *Notre jeunesse* d'Alfred Capus.

— C'est une personne que j'ai beaucoup aimée.

— Beaucoup?

— Un million et demi environ.

*

Au XVIIIe siècle, madame Cornuel reprochait à une mendiante d'avoir trois enfants :

— Ne sauriez-vous vous contenir, n'ayant point de quoi manger?

— Que voulez-vous! Quand le pain nous manque, nous nous contentons de la chair!

*

Alexandre Dumas fils dînait au milieu d'un cercle de femmes. La maîtresse de maison lui demanda :

— Mon cher Dumas, vous qui connaissez si bien toute chose, dites-nous donc pourquoi il y a des hommes.

— Madame, seulement pour empêcher les femmes de s'assassiner !

*

Dialogue d'Aurélien Scholl, humoriste du XIXe siècle.

— Votre femme, monsieur Guillobard, vient d'accoucher de deux enfants.

— Enfin ! Je comprends maintenant pourquoi elle tenait tant à ce que nous couchions dans deux lits jumeaux.

*

Pierre Véron raconte l'histoire d'un mari cocu. Sa veuve proclamait qu'elle lui avait été dévouée jusqu'à la fin :

— C'est moi, disait-elle, qui ai tenu à lui fermer les yeux.

— Besogne toute faite ! ajouta quelqu'un. Il les a fermés sa vie entière.

*

Le comte Boni de Castellane, à la Belle Epoque, tenait ce discours chez la comtesse Mabel :

— Les passions, c'est comme les noisettes. D'abord nous les cassons avec nos dents, ensuite ce sont elles qui nous cassent les dents.

La jeune comtesse se tourna vers un convive :

— Qu'en pensez-vous ?

— Madame, moi j'ai toujours aimé les casse-noisettes...

*

Dialogue d'Henri Jeanson.

— L'amour est comme ces maladies qui commencent par un rhume. On dit : « Ce n'est rien, ça va passer » et, six mois plus tard, on en meurt.

— Oui, mais un an après, on n'y pense plus...

*

— Regrettez-vous votre liaison avec madame de Staël ? demandait-on un jour à Rivarol.

— Il faut avoir aimé madame de Staël pour comprendre le bonheur qu'il y a à aimer une bête, rétorqua le polémiste.

*

Une dame louait le charme d'un séducteur :

— Quel homme ! Comme il connaît bien le cœur des femmes !

— Oh, certainement, répliqua Rivarol, seulement il le place d'ordinaire au plus bas.

*

Dialogue de Feydeau.

— Une jeune femme qui respirait la vertu !

— Mon Dieu, oui. Seulement elle était tout de suite essoufflée !

*

Dans une réception, un petit garçon se serrait sur les genoux de sa mère, une baronne aux infidélités conjugales bien connues. Le père du gamin commenta, agacé :

— Quel enfant ! Toujours dans les jupes de sa mère !

— Hé, il s'y fera de belles relations ! murmura Georges Feydeau à son voisin.

*

Liane de Pougy, courtisane des années 1900, était mariée à un militaire qui, disait-on, lui avait tiré un coup de revolver dans chaque fesse. Elle avait consulté son médecin :

— Docteur, est-ce que ça se verra ?

— Madame, cela dépend entièrement de vous.

*

Au cours d'un repas, un provincial, le vin aidant, se confiait à Michel Audiard avec une légère amertume :

— Je le sais, ma femme a couché avec toute la ville.

— Oh ! une si petite ville !

*

Le maréchal de Richelieu, un des héros de Fontenoy, surprit un jour sa femme en flagrant délit d'adultère. Sans se mettre en colère, le libertin lui donna ce conseil :

— Fermez du moins votre porte ! Si un autre que moi entrait, vous seriez déshonorée !

*

Deux femmes devisaient ensemble sur la meilleure vengeance à tirer d'une rivale à la beauté redoutable.

— Moi, je la défigurerais, je lui arracherais les yeux !

— Je suis de votre avis quant à l'altération des traits ; mais je serais désolée de lui ôter la vue, parce qu'elle ne pourrait voir ensuite combien elle serait flétrie, ni souffrir de sa laideur.

*

Un galant suppliait la comédienne Augustine Brohan de «lui faire l'aumône d'un peu d'amour». Elle répliqua :

— Pardonnez-moi, monsieur, mais j'ai déjà mes pauvres.

*

Sacha Guitry, la seule fois de sa vie qu'il prit le métro, se trouva assis en face d'une jeune fille qui laissait volontairement voir le haut de ses cuisses.

Guitry se pencha vers la jeune fille :

— Ça ne vous gêne pas que je garde mon pantalon ?

*

Une jeune femme s'installe dans une avant-scène du rez-de-chaussée du théâtre de la Gaîté.

— La jolie fille ! dit à son voisin un monsieur de l'orchestre.

— Vous ne la connaissez pas ? demande l'autre.

— Non.

— Voulez-vous que je vous la présente ?

— Volontiers. Faudra-t-il faire un doigt de cour ?

— Oh ! Une phalange suffira.

*

Extrait du théâtre de Francis de Croisset.

— Je me demande comment la coquetterie ne l'a pas perdue !

— Elle l'a sauvée. Votre fille n'a jamais eu qu'un flirt !

— Son mari, j'espère !

— Son miroir.

*

Dans *Un petit vieux bien propre*, de Willy, on peut lire ce dialogue savoureux :

— C'est ça ! Reproche-moi ma confiance, à présent. Ah ! les hommes ! les hommes ! On ne sait jamais comment les prendre !

— Ah ! les femmes, on ne sait jamais comment les garder !

*

Aurélien Scholl rapportait ce dialogue entre deux danseuses de café-concert, à propos de la santé d'une collègue :

— Comment va Blanche ?

— Toujours couchée.

— Elle doit gagner bien de l'argent !

*

Bassompierre, bien que fort âgé, faisait une cour assidue au sexe dit faible. Un jour, il entreprit une jeune femme qui s'étonna :

— A votre âge ? !

— Madame, ne vous y trompez pas. Je suis comme les poireaux, ils ont la tête blanche mais la queue verte !

*

Un homme de l'Ancien Régime, marié à une femme très laide, surprit celle-ci dans son lit avec un amant. L'époux s'adressa ainsi au galant :

— Cependant, monsieur, vous n'y étiez pas obligé...

*

Sacha Guitry dansait avec une jeune femme, jolie, riche et sotte. Elle lui glissa :

— Ah, maître, imaginez... Si nous faisions un enfant ensemble ; il aurait ma beauté et votre intelligence...

— Ah ! Madame, imaginez que cela soit le contraire...

*

Extrait de *Portefeuille* de Victor Hugo.
Le poète :
— Ah !... je suis moulu.
Maglia :
— Vous êtes plus mou que lu.

*

Dans une adaptation de *Michel Strogoff* pour le cinéma, s'engage ce dialogue entre un journaliste casse-cou et un cocher qui tient à sa vie :

— Emmenez-moi !

— Mais c'est dangereux ! Et j'ai une femme et des gosses.

— Je ne vous demande pas de les prendre avec nous.

*

A la table se tenait une Américaine. Sa connaissance de notre langue était limitée. Le mot « phallus » fut employé dans la conversation. Le romancier Henri Béraud, qui était là, expliqua à la dame qui s'inquiétait du sens de ce mot :

— C'est tout simplement ce qu'en Amérique vous appelleriez un gratte-ciel.

*

On comparait devant Rivarol la beauté de deux jeunes femmes peu farouches, remarquables l'une par sa tête, l'autre par son corps :

— Laquelle préférez-vous ? lui demanda-t-on.

— Je préfère sortir avec la première et rentrer avec la seconde.

*

Henri Duvernois disait d'une femme qui avait beaucoup d'amants :

— Elle mène une vie de bâton de chair.

*

Dialogue extrait du théâtre de Maurice Donnay :
— Vous trompez votre femme ?
— Je ne la trompe pas : elle le sait.

*

On parlait à Yves Mirande d'une vedette du music-hall, à la fois légère et pas très bien faite. Il lança :
— Elle a les jambes en arc de triomphe, mais son poilu n'est pas inconnu.

*

Réplique de Labiche :
— J'ai fini par m'apercevoir que je n'étais plus le seul à partager la fidélité de mon épouse.

*

Réplique du théâtre d'Henri Duvernois :
— Ma femme, je ne saurais mieux la comparer qu'à une invention française : c'est moi qui l'ai trouvée, et ce sont les autres qui s'en servent.

*

Pendant la guerre de 1914, les «dames de la Croix-Rouge» ne se contentaient pas seulement de soigner les soldats. Elles avaient des dévouements plus profonds.
Parlant avec Louis Verneuil des deux filles d'un ami commun, Rip donna cette précision :
— Oui, l'aînée est infirmière.

— Et la cadette?

— Je crois qu'elle est enceinte aussi.

*

Aurélien Scholl admirait les très belles jambes d'une danseuse. Il la complimenta:

— Bigre! Quelle ligne!

— C'est avec ça que je nourris papa et maman!

— Dès lors, mademoiselle, vos jambes sont des pattes alimentaires.

*

Une dame offusquée essayait d'écarter Barbey d'Aurevilly qui l'assaillait, sabre au clair.

— Monsieur, vous me prenez sans doute pour une autre?

— Non, madame; je vous prends pour moi.

*

Romain Coolus siégeait à la Société des Auteurs. Au cours d'une réunion, l'on vint à parler d'un romancier célèbre sur le point d'épouser une actrice aux mœurs légères. Coolus ne cacha pas sa surprise tandis que quelqu'un prenait la défense de l'actrice:

— Ah! mais je vous assure qu'elle a des qualités de femme de ménage…

— … à trois! interrompit finement Coolus.

*

On demandait à madame de Staël si elle aurait aimé être un homme.

— Je suis heureuse de ne pas être un homme, car si cela était, je serais obligée d'épouser une femme.

*

Dialogue d'Alexandre Dumas fils :

— Il n'y a pas d'honnêtes femmes, alors ?

— Si ! plus qu'on ne le croit, mais pas tant qu'on le dit.

*

Alfred Capus et Jules Renard, se promenant à Bruxelles, rencontrent une comédienne qu'ils ont connue à Paris et la saluent. Un Bruxellois, qui les guide à travers la ville, proteste, pudique :

— Oh ! fait-il, c'est une femme qu'on ne salue pas, ici.

— Oui, répond Capus, mais on se découvrirait bien tout entier devant elle.

*

La comédienne La Clairon arborait une magnifique rivière de diamants. Quelqu'un en fait la remarque à Sophie Arnould :

— Une rivière de cette longueur, ça ne fait pas distingué… Tu ne trouves pas qu'elle descend trop bas ?

— Dame ! Elle retourne à la source.

*

Augustine Brohan parlait des femmes avec Dumas fils :

— Pourquoi dites-vous de certaines femmes qu'elles sont des cocottes ! Toutes les femmes sont, plus ou moins, des cocottes.

— Oh ! il y a des femmes honnêtes !

— Bien sûr ! Comme il y a des vocations manquées !

*

Jean Nohain était un joueur invétéré. Georges Charensol, critique de cinéma et rédacteur en chef des *Nouvelles Littéraires*, s'étonnait de cette passion :

— Mais enfin, pourquoi jouer ainsi ? Quel plaisir pouvez-vous éprouver à perdre tout cet argent ?

— Vous me faites l'effet d'une nonne octogénaire qui me dirait : «Je ne comprends pas quel plaisir vous pouvez trouver à faire l'amour !»

*

Une duchesse légère demandait à Maurice Barrès :

— Aimez-vous mieux avant, pendant ou après l'amour ?

— J'aime mieux avant parce que après, c'est pendant...

*

Selon la rumeur, la puissance virile de d'Alembert laissait à désirer. Une dame, afin d'exciter la jalousie de son amant, ne tarissait pas d'éloges sur cet esprit brillant.

— Oui, pour moi c'est un dieu!

— Ah! si d'Alembert était dieu, madame, il commencerait par se faire homme! répondit avec bon sens l'amant.

*

Edmond de Goncourt rapporte que madame Bernard, qu'il interrogeait et qui tenait un bordel, disait de son fils, un homosexuel qu'elle adorait:

— Mon fils était né pour être duchesse.

*

Frédérick Lemaître, grande figure du théâtre du XIXe siècle, s'entendit dire un jour par une femme:

— Vous ne croyez pas à l'amour. C'est donc que vous ne le faites jamais!

— Je l'achète tout fait.

*

Deux dames demandaient à Capus:

— Mon cher maître, nous venons de faire un pari... Quel âge avez-vous?

— Cela dépend de vos intentions, mesdames!

*

Alfred Jarry agitait comme un fou un pistolet bruyant dans la propriété d'une voisine qui protestait:

— Arrêtez! Vous allez tuer mes enfants!

— Madame, si ce malheur arrivait, vous avez ma parole, nous vous en ferions d'autres.

*

Dans un sketch de Raymond Devos, on le voit répliquer, à la fin d'un dîner, quand l'un des convives lui glisse à l'oreille, ignorant que son épouse est fort désagréable:

— Je désirerais prendre congé de votre femme.

— Et moi donc!

*

Si l'on en croit Apollinaire, Jarry possédait, sur la cheminée de sa chambre, un monumental phallus de pierre. Une dame de lettres, venue lui rendre visite, aperçut l'objet. Elle le désigna, interrogative:

— C'est une reproduction?

— Que non, mâdâme, fit Jarry, c'est une réduction!

*

— Bah! quand une femme me plaquera, j'en prendrai dix autres. Il n'y a pas qu'un poisson dans la mer.

— Non, fit en écho Sacha Guitry, il n'y a pas qu'un poisson dans la mer. Mais tu n'as qu'un hameçon!

*

Jacques Séguéla participe à une émission de TV sur l'érotisme et la censure. Il raconte à Christine Ockrent et à ses invités :

— Un monsieur entre dans une pharmacie. Il demande des préservatifs. On lui tend une boîte normale de dix préservatifs.

— Mais non, je n'en veux qu'un !

— Pourquoi ? demande la pharmacienne, éberluée.

— Parce que j'essaie d'arrêter et c'est plus dur que pour les cigarettes.

*

Henri de Régnier rapporte que quelqu'un, à qui l'on reprochait, n'étant plus jeune, de trop aimer les femmes, répondait :

— Que voulez-vous, mon cher ! On n'est vieux qu'une fois !

*

Un homme, trompé par sa femme, se plaignait de sa progéniture auprès de Dumas fils.

— Ah ! monsieur Dumas, c'est un fils comme vous qu'il m'eût fallu.

— Cher ami, quand on veut avoir un fils comme moi, il faut le faire soi-même.

*

Extrait du théâtre d'Henri Duvernois.

— Il y a trois genres de femmes : la « oui », la « non » et la « peut-être ». Vous êtes une « peut-être » ?

— Peut-être.

Thierry Le Luron discutait avec Alice Sapritch des rapports sentimentaux entre hommes et femmes. L'imitateur disait à l'actrice :

— Les femmes ne pourront jamais rien comprendre aux amitiés masculines.

— Mais si ! mais si. Un homme qui vous aimait et qui vous le dit trop tard, c'est cela, pour une femme, l'amitié masculine.

*

Jean Lorrain, romancier et chroniqueur des années folles, était homosexuel. Quelqu'un d'indiscret voulut en savoir plus :

— Est-ce que vraiment, de temps en temps, vous n'avez pas envie... avec une femme ?

— Oui, par vice !

*

Extrait du théâtre de Sacha Guitry.
Lulu :
— Il me faut, disons le mot... cinquante mille francs.
Léo :
— Par mois ?
Lulu :
— Par vous ou par un autre !

*

Une grue aguichait, sur le trottoir, Georges Feydeau.

— Allons ! Viens t'amuser !

— Mais, madame, je ne m'ennuie pas !

*

Madame de Villeneuve, très âgée, arborait un décolleté impressionnant devant Voltaire :

— Comment ? Monsieur, est-ce que vous songeriez encore à ces petits coquins-là ?

— Petits coquins, madame, ah ! dites plutôt de grands pendards !

*

Galtier-Boissière parlait avec Yves Mirande des aventures amoureuses. Mirande déclarait :

— Moi, les femmes d'amis, c'est sacré ! Je n'ai jamais couché avec la femme d'un ami.

— Alors, entre nous, tu n'as pas dû avoir beaucoup de femmes ?

— En réalité, j'ai eu très peu d'amis.

*

Extraite du théâtre d'Henri Duvernois, cette repartie entre deux femmes amoureuses d'un même homme :

— Je suis sa femme et je porte son nom !

— Je suis sa maîtresse et je porte son prénom !

*

Extrait du théâtre d'Henri Duvernois :

— Elle t'a trompé, toi ?

— Et comment !

— Tu en es sûr ?

— Je te l'affirme sur mon déshonneur !

*

On demandait à Alfred Capus :

— Est-ce que dans votre vie vous avez rencontré des honnêtes femmes?

— Rarement... et toujours au moment précis où elles cessaient de l'être.

*

Déjà âgé, Dennery essuya ce « mot » de sa femme :
— Cocu !
— Oh, plus maintenant !

*

Tristan Bernard racontait ses souvenirs sur une actrice dont la vie amoureuse avait longtemps fait scandale. Quelqu'un lui révéla :

— Maintenant qu'elle est vieille, elle s'adonne au spiritisme.

— Elle fait parler sa table ! Elle ferait mieux de faire parler son lit, ce serait bien plus amusant.

*

Jean Cocteau ne cachait pas son homosexualité.
— Quel est votre vice ? lui demandait-on.
— Versa !

*

Extrait de *Portefeuille* de Victor Hugo.

Un bourgeois digne et myope se retourne, indigné :

— Vaurien, tu viens de prendre la taille à ma femme !

— Moi, monsieur ? Fouillez-moi !

*

Madame de Brionne et le cardinal de Rohan eurent une violente altercation à propos du renvoi du duc de Choiseul. C'est cette scène qui mit fin à leur liaison. Madame de Brionne, particulièrement fâchée, menaça le cardinal :

— Je vais vous faire jeter par la fenêtre !

— Madame, je puis bien descendre par où je suis monté si souvent.

II

POLITIQUES ET MILITAIRES

Le bon roi Henri fut reçu par les bourgeois de Chartres après l'entrée de son armée dans la ville. Un représentant des habitants commença son discours ainsi :

— Sire, la ville est soumise à Votre Majesté, tant par le droit divin que par le droit romain...

— Ajoutez : par le droit «canon»! plaisanta finement Henri IV.

*

Henri IV s'était beaucoup dépensé dans une promenade à cheval. Il gagna la ville d'Amiens pour se reposer. Le magistrat principal de la ville voulut l'accueillir avec soin. Il se lança dans un discours flatteur :

— Très grand, très bon, très valeureux, très clément, très magnifique souverain...

— Il faut dire aussi : très fatigué! Je vais me coucher et j'écouterai le reste une autre fois! coupa net Henri IV.

*

Bassompierre, qui avait été l'ambassadeur d'Henri IV en Espagne, évoquait comment les

Madrilènes l'avaient reçu, lui, monté sur une mule envoyée par Sa Majesté Catholique. Henri IV se moquait :

— Oh ! la belle chose que c'était de voir un âne sur une mule !

— Tout beau, sire !... c'est vous que je représentais.

*

Un nommé Gaillard passait pour avoir un sens inouï de la repartie. Henri IV le convia à sa table et lui demanda son nom :

— Mon nom est Gaillard !

— Ah ! Ah ! Gaillard ! Quel beau nom ! Et peux-tu me dire, cher ami, la différence qu'il y a entre gaillard et paillard ?

— Sire, il n'y a que la table entre eux.

*

Montesquieu et un conseiller du Parlement de Bordeaux discutaient avec vivacité d'une affaire. Le conseiller s'emportait :

— Monsieur le président, si ce n'est pas comme je vous le dis, je vous donne ma tête !

— Je l'accepte, les petits présents entretiennent l'amitié.

*

Le prince d'Orange se servait du surnom « le maudit bossu » pour évoquer son ennemi, le maréchal de Luxembourg, qui avait remporté sur lui plusieurs victoires. Mis au courant, le maréchal de Luxembourg riposta : « Bossu ? Mais qu'en sait-il ? Il ne m'a jamais vu par-derrière ! »

*

Au cours d'une réception, Louis XIV fut surpris de l'arrogance d'un gentilhomme qui le dévisageait de façon peu commune :

— Vous me regardez bien attentivement, monsieur ! Qui donc êtes-vous ? Comment vous appelle-t-on ?

— Sire, je me nomme Laigle. Votre Majesté n'ignore pas que l'aigle seul peut fixer le soleil.

*

On venait d'annoncer à Louis XIV le décès de Mazarin :

— Le cardinal a rendu son âme à Dieu !

— Sire, je doute que Dieu veuille l'accepter ! lança un courtisan.

Ce qui fit sourire le roi, débarrassé d'un encombrant tuteur.

*

Le duc d'Epernon sortait du Palais-Royal par le grand escalier. Sur les marches, il croisa Richelieu qui « montait » de plus en plus à la cour et qui lui demanda :

— Quoi de nouveau, monsieur le duc ?

— Rien, monsieur le cardinal, si ce n'est que vous montez et que moi je descends.

— Monsieur le duc, si Dieu m'avait donné plus

de santé et de forces, je monterais plus vite que vous ne descendez !

*

Un gouverneur de province, nouvellement nommé, fut accueilli dans une grande ville où il reçut une bourse comme c'était la tradition. A la grande stupéfaction des notables, il prit la bourse comme si elle constituait un vrai don :

— Mais nous osions espérer qu'en la refusant vous imiteriez monsieur de Vendôme, votre insigne prédécesseur.

— Oh ! vous savez, monsieur de Vendôme était un homme inimitable.

*

Le grand Dauphin, fils de Louis XIV, commenta un mot de son père à son déclin. Le Roi-Soleil évoquait la situation critique de la France :

— Mon fils, nous maintiendrons notre couronne !

Le grand Dauphin acquiesça :

— Maintenons-la (Maintenon l'a).

*

Louis XV signait la condamnation à mort d'un inculpé. Une fois la signature apposée, le roi s'adressa au duc de Choiseul, son ministre :

— Cet homme a tué vingt personnes, je lui avais pourtant fait grâce la première fois.

— Sire, cet individu n'a tué qu'un seul

homme ; c'est Votre Majesté qui a tué les dix-neuf autres.

*

En 1728, le cardinal et ministre Fleury défendait les Fermiers généraux, soulignant leur importance :
— Ce sont les piliers de l'Etat.
— Faut-il dire piliers ou pillards ? demanda un membre du conseil.

*

Surcouf fut un jour apostrophé par un amiral anglais qui lui lança :
— Vous vous battez pour l'argent, moi je me bats pour l'honneur !
— Chacun se bat pour ce qui lui manque !

*

Le contrôleur général du Trésor dans les années pré-révolutionnaires, monsieur de Calonne, fut pris de terreur un soir et se mit à crier chez lui :
— Fermez les portes, il y a un voleur ici !
Après des recherches sommaires, l'un des valets de l'homme de finances le tranquillisa :
— Monsieur peut être rassuré, il n'y a que lui dans la chambre !

*

Le journaliste pré-révolutionnaire Linguet fut expédié à la Bastille, suite à quelque insolence envers le pouvoir royal. Incarcéré depuis peu, il reçut la visite d'un homme de mauvaise mine.

— Qui êtes-vous, monsieur ?

— Je suis le barbier de la Bastille, pour vous servir !

— Fichtre ! vous auriez bien dû la raser !

*

Sous la Révolution, l'amiral d'Estaing, qui avait participé à la guerre d'Indépendance américaine, comparut devant la justice républicaine. Le président lui demanda :

— Ton nom ?

— Coupez-moi la tête et envoyez-la aux Anglais ; ils vous l'apprendront ! — Ce qui fut fait.

*

Talleyrand et Mirabeau discutaient, quand le dernier dit au premier :

— Je vais vous enfermer dans un cercle vicieux.

— Vous voulez donc m'embrasser ?

*

Au cours d'une séance du tribunal révolutionnaire, l'un des juges ajouta par erreur une particule au nom d'un accusé. Ce dernier rectifia :

— Je ne suis pas là pour qu'on m'allonge, mais plutôt parce qu'on veut me raccourcir.

— Eh bien, qu'on l'élargisse ! dit le président, touché par cet humour.

*

On faisait remarquer à Bonaparte qu'il était encore un peu jeune pour diriger l'armée d'Italie. Il répliqua :

— Qu'on me laisse faire ! Ceux qui me trouvent trop jeune reconnaîtront bien vite leur erreur car dans six mois j'aurai Milan.

*

Bonaparte passait près du marché des Innocents. Une femme du peuple, l'apercevant, s'écria :

— Les voilà ! Les voilà ceux qui s'engraissent à nos dépens !

— La mère, regarde-moi et dis quel est le plus maigre de nous deux, répondit Bonaparte qui était mince.

*

Napoléon essaya un jour de vexer Talleyrand, en faisant une remarque désobligeante sur son épouse :

— Savez-vous, Talleyrand, que votre femme est stupide ?

— C'est pour cela que je l'ai choisie, sire. On m'en tiendra compte au ciel. Le sacrement du mariage fait double emploi avec celui de la pénitence.

*

Fouché professait un grand mépris pour l'espèce humaine. Talleyrand l'expliquait ainsi :

— C'est normal : cet homme s'est beaucoup étudié.

*

Talleyrand avait fait chercher un riche fournisseur militaire. Le commissionnaire revint sans lui et expliqua :

— Il est parti à Ballèges prendre les eaux.

— Il faut donc qu'il prenne toujours quelque chose.

*

Dans une réunion mondaine, Talleyrand entendit le propos d'un seigneur qui étalait sa superbe à l'égard de ses détracteurs :

— Je me ris de tous ceux qui me trouvent ridicule.

— Alors, monsieur, personne au monde ne doit rire plus souvent que vous.

*

Pour se venger du roi qui ne voulait pas lui prêter d'argent, un prince désargenté répandait à tout vent un jeu de mots qui parvint aux oreilles de Louis XVI.

— Il ne faut plus dire «Louis, roi de France et de Navarre», mais «Louis, roi de France et avare».

— Il a raison, je suis le roi de France et avare... du bien de ses sujets.

*

Lors d'une des premières séances de l'Assemblée Constituante, Mirabeau prit la parole et fit le portrait-type du futur président. Les qualités de l'homme idéal rappelaient de très près celles de Mirabeau lui-même.

On entendit alors Talleyrand déclarer :

— Il ne manque qu'un trait à ce que vient de dire monsieur de Mirabeau : c'est que le président doit être marqué de la petite vérole.

*

Talleyrand arrivait au Luxembourg, muni de sa canne. Un jour, à l'entrée, quelqu'un l'interpella :

— Citoyen, les cannes doivent être laissées ici.

— Je me doutais bien, mon garçon, que tes maîtres craignaient les coups de bâton.

*

Napoléon se trouvait à Berlin en compagnie du général Rapp et il lui montrait des pièces d'or, des napoléons de 20 francs :

— N'est-il pas vrai que les Prussiens aiment bien ces petits napoléons ?

— Assurément et beaucoup plus que le grand.

*

Au premier congrès de Vienne, Talleyrand invoqua « le droit public ». Monsieur de Humboldt, plénipotentiaire prussien, s'étonna :

— Que vient faire ici le droit public ?

— Il fait que vous y êtes !

*

A propos d'un gouvernement qui gérait mal ses affaires, Talleyrand fut questionné :

— Que pensez-vous de ceux qui nous gouvernent ?

— Pourquoi ces gens-là ne sauveraient-ils pas la France ? Les oies ont bien sauvé le Capitole !

*

Talleyrand, en sortant d'une réunion politique à Londres, fut abordé par un lord qui lui demanda :

— Que s'est-il donc passé ?

— Pas moins de trois heures !

*

Quand Louis XVIII regagna les Tuileries après la chute de Napoléon, il demeurait quelques traces de l'Empire. Un membre du protocole prévint le monarque :

— Excusez-nous, sire, il y a encore des tapis décorés d'aigles.

— Mais ne vous en faites donc pas ! Au contraire, j'ai plaisir à marcher dessus !

*

Talleyrand étant à l'article de la mort, Louis-Philippe lui rendait visite et se penchait à l'écoute des dernières paroles du grand homme :

— Sire, je souffre comme un damné...

— Déjà !

*

Lors d'une réunion, le duc de Noailles, président du conseil des Finances, en vint à faire une remarque à Rouillé du Coudray, conseiller, sur sa dévotion pour la bouteille :

— Monsieur Rouillé, il y a là de la bouteille.

— Cela se peut, monsieur, mais il n'y a jamais de pot-de-vin.

*

Thiers s'adressait à Louis-Philippe :

— Sire, vous êtes fin, mais je suis plus fin que vous.

— La preuve que non, monsieur Thiers, c'est que vous me le dites.

*

Au procès de Malet, après une tentative ratée de coup d'Etat, en 1812, le président du tribunal demanda à l'accusé :

— Avez-vous eu des complices ?

— Des complices ? La France entière... et vous-même, monsieur le président, si j'avais réussi !

*

Le 17 juillet 1851, Hugo monta à la tribune de la Chambre pour tenir un discours contre la révision de la Constitution. Très vite, un député de droite l'interrompit :

— Nous ne voulons pas en entendre davantage. La mauvaise littérature fait la mauvaise politique. Nous protestons au nom de la langue française et de la tribune française. Portez tout cela à la Porte Saint-Martin, monsieur Victor Hugo.

L'écrivain s'adressa à celui qui venait de lui couper violemment la parole :

— Vous savez mon nom, à ce qu'il paraît, et moi, je ne sais pas le vôtre. Comment vous appelez-vous ?

— Boubousson !

Victor Hugo déclara :

— C'est plus que je n'espérais.

La Chambre entière se mit à rire.

*

Au cours d'un entretien entre Lamartine et Louis-Napoléon, le futur empereur proposa un ministère au poète. Lamartine refusa :

— J'ai perdu toute popularité !

— J'en ai pour deux ! répliqua le prince, bonhomme.

*

Un ministre intervenait à propos d'un jugement non encore rendu :

— Il faudrait faire vite et bien !

Séguier, le premier président de la Cour impériale, rétorqua :

— Monsieur le ministre, la Cour rend des arrêts, pas des services.

*

Rochefort s'adressait au «fusilleur de la Commune», le général de Galliffet :

— Je suis le seul communard que vous n'ayez pas fait fusiller !

— Ce sera le regret de toute ma vie, monsieur ! répliqua le général avant de tourner les talons.

*

Le suicide du général Boulanger sur la tombe de sa maîtresse défraya la chronique en 1891. Il suscita cette réflexion perfide de Clemenceau :

— Il est mort comme il a toujours vécu, en sous-lieutenant.

*

Un député conversait avec une femme à propos d'un collègue qui venait de faire à la Chambre un discours interminable :

— Quel bavard ! Il dit tout ce qui lui vient à l'esprit !

— Vous voulez dire : à la bouche !

*

Aristide Briand, plusieurs fois ministre des Affaires étrangères avant 1925, disait un jour d'un député qui débitait de longues balivernes :

— C'est un homme qui met la nappe pour manger une noisette.

*

Le président Félix Faure mourut dans les conditions que l'on sait. L'ecclésiastique, requis pour la circonstance, demande à l'homme qui vient le chercher :

— Mais a-t-il encore sa connaissance ?

— Non ! fait le domestique, elle a filé par l'escalier de service.

*

La mort de Félix Faure fit jaser les amateurs de sensationnel croustillant. Clemenceau laissa tomber :

— Félix Faure vient de mourir. Cela ne fait pas un homme de moins en France.

Vaughan, directeur de *L'Aurore*, écrivit :

— En rentrant dans le néant, il a dû se trouver comme chez lui.

*

Un homme du continent parcourait la Corse, guidé par un député de l'île, Emmanuel Arène. Ce «continental» s'étonna de rencontrer un facteur illettré :

— Pour un homme qui doit déchiffrer les adresses !

— S'il savait lire, commenta Arène, il serait député.

*

Clemenceau appréciait les interlocuteurs rapides et précis. Un préfet avait obtenu une entrevue chez le Tigre qui le reçut par ces mots :

— Résumez-moi votre demande en un mot.

— Argent !

Il fut écouté.

*

Clemenceau aimait aussi les personnalités fortes. Un haut fonctionnaire était venu lui demander de l'avancement :

— Non ! vous êtes trop laid.

— Je croyais me trouver devant un ministre et non devant une armoire à glace.

Cette réplique lui valut sa chance.

*

L'opportunisme de Gambetta avait toujours agacé Clemenceau qui, à l'annonce de sa mort, déclara :

— Sa mort n'est pas un événement, c'est une nouvelle.

*

Clemenceau avait écouté avec intérêt un jeune parlementaire brillant. Il vint féliciter chaleureusement l'orateur :

— Beau début, jeune homme ! Venez sur mon cœur !

— Monsieur le président, j'ai horreur du vide !

Cette réplique lui gagna plus tard un portefeuille.

*

Prononçant un discours à l'Assemblée, Clemenceau fut incommodé par un député qui l'interrompait tout le temps. Comme il le priait de le laisser parler, l'autre se défendait :

— Mais j'ai le droit... j'ai bien le droit...

— Vous avez le droit de tout faire, monsieur, excepté mon discours !

*

Antonin Dubost, président du Sénat, briguait la plus haute charge de l'Etat. Il reprochait à Clemenceau :

— Vous dites à tout le monde que je suis un imbécile, je ne suis cependant pas plus bête qu'un autre !

— Quel autre ?

*

Un général âgé devait épouser une femme jeune et charmante. Clemenceau dit, quand il apprit la nouvelle :

— Parfait, il aura maintenant deux fronts à défendre !

*

Le général Sarrail, à la tête de l'armée orientale, et qui voulait faire « sauter » le régime grec, demanda à Aristide Briand :

— Pourquoi hésitez-vous à détrôner le roi et à le remplacer par une république ?

— Comme si nous n'avions pas assez de la nôtre !

*

En juin 1915, on rapportait cet échange entre Poincaré et Joffre. Poincaré se plaignait :

— On prétend que ma popularité est moindre. Cependant c'est vous qui m'avez dit de partir pour Bordeaux.

— Je vous ai dit de partir, mais pas de foutre le camp.

*

Clemenceau disait à un mauvais écrivain :

— Je m'arrange toujours pour recevoir de chaque livre deux exemplaires, l'un que je lis, mais que je jette, l'autre que je ne lis pas mais que je garde. Si vous m'envoyez votre livre, je vous promets de le garder.

*

Contrepèterie d'époque :
A Paris, le métropolitain.
A Vichy, Pétain mollit trop.

*

Jean Galtier-Boissière affirme avoir entendu ce dialogue, en 1941, entre un Parisien et un Allemand qui lui demandait son chemin :

— Pouvez-vous m'indiquer une piscine ?

— Il y en a une, très grande, entre Calais et Douvres ! C'est tout droit ! Vous trouverez !

*

A la Libération, un Marseillais, enrichi par le marché noir, rencontre l'avocat maître Moro-Giafferi, et lui montre avec fierté un superbe bijou qu'il arborait au doigt.

— Qu'est-ce que vous dites de cette pierre?

— Elle est belle, vraiment... Mais, si j'étais vous, je vendrais la pierre pour m'acheter une brosse à ongles!

*

Pour protester contre le transfert, de Vienne à Paris, des restes de Napoléon II, l'Aiglon, les Parisiens répandirent ce calembour, en décembre 1940 :

— On préférerait du charbon à des cendres.

*

Le Premier ministre était un redoutable interlocuteur. Un adversaire se moquait de certaines de ses prévisions erronées :

— Un bon politicien doit être capable de prédire l'avenir sans se tromper.

— C'est surtout celui qui est capable d'expliquer pourquoi les choses ne se sont pas passées comme il l'avait prédit!

*

Le chansonnier Martini se produisait à Paris, sous l'Occupation, dans un cabaret. C'était en 1941 et les Allemands n'arrivaient pas à traverser la Manche.

Martini entrait en scène en faisant le salut hitlérien. Puis, le bras toujours tendu, avec des grimaces impayables, il déclarait :

— Jusque-là ! Jusque-là ! Nous sommes dans la merde jusque-là !

*

Philippe Henriot, secrétaire d'Etat à l'Information dans le dernier gouvernement Laval, fut abattu par des Résistants en juin 1944. Le disparu reçut un hommage appuyé des Allemands et de la presse collaborationniste. A la phrase de circonstance répétée par la presse parisienne : « Une grande voix s'est tue », Henri Jeanson répliquait par cette nuance : « Oui, mais la voix de son traître. »

*

Charles de Gaulle était imposant par la taille et par le halo de sa fameuse « légitimité ». Il rencontra pourtant des hommes qui le dépassaient de quelques centimètres. L'un d'eux le lui fit remarquer :

— Mon Général, je suis plus grand que vous.
— Non, pas plus grand, simplement plus long.

*

La scène se passe après la Libération. De Gaulle reçoit un groupe d'officiers issus de la Résistance. Seul un sergent figure dans ce groupe très galonné. De Gaulle contemple un instant l'ensemble, puis, s'approchant du sergent, lui demande :

— Alors quoi, vous ne savez pas coudre ?

Allusion à l'usage, dans certains maquis, de se donner à soi-même de l'avancement.

*

Olivier Guichard recevait à Dijon la visite de De Gaulle. Après les poignées de main, Guichard se dispose à s'installer sur le siège avant de la voiture du Général, à côté de son secrétaire et du chauffeur. De Gaulle s'écrie alors :

— Ne vous mettez pas à trois devant, ça fait socialiste.

*

Deux députés de bords différents devaient déjeuner ensemble. Un des deux arrive nettement en retard.

— Je croyais que le déjeuner était prévu pour une heure et demie. Excusez-moi…

Et l'autre de rétorquer :

— Cela ne m'étonne pas. Vos chiffres sont toujours faux.

*

De Gaulle pensait lancer un emprunt et demanda à Giscard, alors ministre des Finances, de réfléchir au problème. Rendant compte de ses réflexions, Giscard d'Estaing suggéra que, selon la coutume, on donne à cet emprunt le nom de celui qui l'avait conçu, c'est-à-dire le sien. De Gaulle, qui connaissait les conditions dans lesquelles le père de son ministre avait acheté le titre «d'Estaing», acquiesça ainsi :

— Vous avez raison, Giscard, ça fera un joli nom d'emprunt.

*

De Gaulle, lors d'une réception fastueuse à l'Elysée, complimentait l'épouse d'un ministre pour sa robe très élégante. Celle-ci lui répondit :

— Je suis très sensible à vos compliments, Général, mais je la portais déjà l'an dernier...

— Eh bien, madame, cela prouve au moins qu'elle est bien à vous.

*

Dialogue entre de Gaulle et le général Massu :

— Alors, Massu, toujours aussi con ?

— Oui, toujours gaulliste, mon Général !

*

Un ministre questionnait de Gaulle :

— Sur cette question, mon Général, quel est votre point de vue ?

— Le plus élevé, cher ami ! C'est le moins encombré.

*

Deux candidats aux élections législatives s'opposaient dans une réunion. Le premier lança au second :

— D'ailleurs vous n'êtes qu'un pharmacien de deuxième classe!

— C'est vrai, je suis seulement un pharmacien de deuxième classe mais vous, vous êtes un con de première!

*

Lors d'une chasse à Rambouillet, un invité dit à de Gaulle:

— Ah, mon Général, la chasse! Que d'émotions! C'est vraiment comme à la guerre!

— Oui... à une différence près, toutefois: à la guerre, le lapin tire.

*

Le directeur d'une grande entreprise, qui discutait avec de Gaulle, se vantait de pouvoir assumer des charges gouvernementales:

— Je suis du bois dont on fait les ministres.

— Très bien! Je vous appellerai donc quand j'aurai besoin d'un ministre en bois.

*

De Gaulle présidait une réunion quand, de l'assistance, fut lancé ce cri péremptoire:

— Mort aux cons!

— Vaste programme! commenta de Gaulle, en plaçant tous les rieurs de son côté.

*

Au poste frontière franco-suisse de Châble, le 9 octobre 1961, de Gaulle serre les mains des douaniers et leur dit :

— Messieurs, je n'ai rien à déclarer... Une fois n'est pas coutume.

*

— Que pensez-vous, Frédéric Dard, du langage des hommes politiques ?

— Ecoutez ! Pour faire chanter juste, on fait chanter bas. Plus les hommes parlent haut, plus ils parlent faux !

*

Le biologiste Jean Rostand se montra toujours un pacifiste convaincu. Un général lui reprocha, lors d'un débat sur l'arme atomique, de se mêler d'un problème qu'il ignorait. Le militaire toisait Rostand avec mépris en lui conseillant :

— Occupez-vous de ce qui vous concerne !

— C'est vrai, dit Rostand, les armes nucléaires ne sont pas de mon domaine, malheureusement, moi, je suis du leur.

*

Un savant atomique était très inquiet du détournement militaire de la science. On le questionna sur l'armement du futur.

— Quelles armes utiliseront les hommes au cours de la Troisième Guerre mondiale ?

— Je l'ignore, mais je sais celles qu'ils utiliseront pour la Quatrième : des massues.

*

Le ministre de l'Industrie du Général voyait poindre à l'horizon le spectre du chômage. Il se confiait à de Gaulle, alors en visite à Auxerre et acclamé par des centaines d'enfants :

— Mon Dieu ! Qu'est-ce qu'on va faire de tous ces jeunes !

Et de Gaulle répondit :

— Eh bien ! on ira envahir la Chine...

*

— Et comment va la France, Général ? demandait une jolie femme à de Gaulle.

— Très bien, madame. Elle nous enterrera tous.

*

Lors d'une conférence de presse, un journaliste du *Nouvel Os à moelle* demanda à Valéry Giscard d'Estaing, président de la République :

— S'il est exact que la majorité minoritaire est devenue la minorité majoritaire en minorisant la majorité des majorations, notamment pour les mineurs, comment comptez-vous faire pour vous en sortir ?

— Je ne compte pas m'en sortir, en tout cas, en vous confiant la fonction de Premier ministre !

*

Interviewant Frédéric Dard, un journaliste aborda la question de la construction de l'Europe.

— La France et l'Allemagne sont désormais en paix. On ne peut que s'en féliciter.

— Bien sûr! A présent, elles sont cul et chemise... C'est l'Allemagne qui fait la chemise.

*

Jean Cau, auprès de qui on faisait l'éloge de Valéry Giscard d'Estaing, déclara :

— On a tout dit, sauf qu'il était physiquement trop propre et croyait qu'il entraînerait la France derrière lui en laissant, dans son élégant sillage, un parfum délicat de savonnette.

*

On demandait à Louis Pauwels ce qu'il pensait des talents politiques de François Mitterrand.

— Je reconnais que, s'il dissimule beaucoup, il ment rarement car il arrange les apparences pour qu'elles mentent à sa place.

III

VIE QUOTIDIENNE

Dans sa *Traversée du xxᵉ siècle*, Jean Nohain conte l'histoire d'une petite écolière qui rentrait à la maison tout émoustillée. Elle déclara à ses parents:

— Vous connaissez la dernière?

— Non!

— C'est moi, en composition de calcul.

*

Pressé de dire son sentiment sur les danses nouvelles, Maurice Donnay allait répétant:

— Ce n'est plus de la danse, c'est de la décadence.

*

Dans un tribunal devait témoigner une danseuse de café-concert. Elle arriva à la barre avec un déhanchement quelque peu provocateur. Le président prévient la dame:

— Tenez-vous tranquille, mademoiselle. Ici, ce n'est pas la jambe qu'on lève, c'est la main. Dites: «Je le jure.»

*

Devant un tribunal comparaissait un ivrogne qui avait le vin mauvais, surtout à l'égard de la maréchaussée. Le président le sermonna :

— Vous n'avez pas honte de revenir constamment devant le tribunal et toujours pour la même raison ?

Le substitut y mit son grain de sel :

— Le prévenu a l'esprit de cuite !

*

Willy riait beaucoup en racontant ce qui lui était arrivé. Il se promenait dans Paris, un jour très chaud :

— Je remarquai que mes cent kilos étaient obstinément suivis par un tout petit télégraphiste, qui semblait à peine sevré. Je lui lançai :

— Va donc, P.T.T., chercher ta nourrice !

Le gamin continuait de suivre de très près Willy.

— Qu'est-ce que tu as donc à me suivre, sale gosse ?

— J'me mets à l'ombre !

*

Juliette Drouet, la maîtresse de Victor Hugo, entendit un petit garçon de Paris chanter dans sa cour. Elle lança deux piécettes de sa fenêtre. Le gavroche fut déçu :

— Deux sous ? Rien que ça ! Pour une maison à cinq étages, deux sous ! Donnez-vous donc la peine d'être orphelin !

*

Jules Renard dit un jour à son enfant, âgé de cinq ans :

— Fantec, tu es trop grand, maintenant, pour coucher avec ta mère.

— Mais je suis moins grand que toi, papa !

*

Un monsieur de la haute société demandait à sa fillette :

— Dorothy, ma joliette, préférez-vous marcher ou prendre l'autobus ?

— Je préfère marcher, père... si vous me portez !

*

Robert Debré, pédiatre de grande renommée, répondait à un journaliste :

— Quel est le plus difficile quand vous examinez un enfant malade ?

— Faire taire ses parents.

*

La psychanalyste Françoise Dolto était spécialisée dans les problèmes des enfants. Une maman, inquiète, lui demanda un jour :

— Comment dois-je m'y prendre pour élever mon fils ?

— Ne vous inquiétez pas, madame. De toute façon, ce sera mal.

*

Tristan Bernard avait un faible pour l'aîné de ses petits-fils, d'une grande vivacité d'esprit, comme on le vit particulièrement un jour, en classe. Le professeur de mathématiques proposait aux élèves ce problème : « Un monsieur prête 20 000 francs aux intérêts de 3% l'an. On le rembourse au bout de 167 jours. Quelle somme d'intérêts touche-t-il ? »

Tous les élèves se mirent à compter, sauf le fils de Jean-Jacques Bernard, qui restait le nez en l'air.

— Et alors ? dit le prof. Qu'est-ce que vous attendez ?

— Un problème plus intéressant, monsieur. Trois pour cent, ce n'est pas une affaire pour moi...

*

Au début du XIXe siècle sévissait à Paris un professeur célèbre qui terrorisait les candidats. Au cours d'un oral, il s'emporta contre un élève en le traitant indirectement d'âne.

— Vous ne comprenez donc rien ! Allons... qu'on apporte une botte de foin à Monsieur !

— Qu'on en apporte deux, monsieur déjeune avec moi, compléta le candidat avec un beau sang-froid.

*

Une recommandation de Jean L'Anselme, écrivain « naïf », à ceux qui se lèvent tôt :

— Il vaut mieux dormir debout que couché, le matin c'est moins dur pour se lever.

*

On critiquait une femme vaniteuse et médisante.

Quelqu'un demanda :

— Quel âge a-t-elle ?

— Celui qu'elle donne aux autres.

*

Un ivrogne notoire, qui devait s'embarquer pour les Amériques où il avait un héritage à toucher, câble à sa femme :

— M'embarque ce soir sur navire de 600 tonneaux.

— Si la traversée est longue, lui réplique sa femme qui a pu le joindre in extremis au téléphone, ça ne te suffira pas.

*

Quelqu'un dit à son ami :

— J'ai rencontré un type qui te ressemblait trait pour trait.

— J'espère que tu ne lui as pas rendu les mille francs que je t'ai prêtés l'autre jour !

*

— Qu'est-ce qu'un paresseux ? demandait-on à Tristan Bernard.

— C'est un homme qui a le courage de ne pas faire semblant de travailler.

*

Jules Renard évoque, dans son *Journal*, la vie d'une épouse oisive. Elle se couche à dix heures et demie, fait tout de suite son petit dodo, se lève à dix heures, fait sa toilette jusqu'à midi, rend des visites ou se promène jusqu'au dîner, n'a pas d'enfants et n'aide pas son mari.

L'humoriste lui pose la question :

— Voulez-vous me dire, madame, à quoi vous servez ?

— Je sers à me rendre heureuse.

*

Dans une soirée, un des invités dérangeait tout le monde par ses bavardages hors de propos. Il n'hésita pas à proclamer très haut une pensée qu'il croyait subtile :

— Ce qu'il y a de plus difficile, pour les femmes, c'est d'écouter.

— Pardon, le plus difficile, c'est de ne pas entendre ! rectifia la maîtresse de maison.

*

Comme on parlait de la fraîcheur du temps, Pierre Dac dit :

— Ce n'est pas parce qu'on dit : «Fermez la porte, il fait froid dehors !» qu'il fait moins froid dehors quand la porte est fermée.

*

Un savant passait pour avoir percé le mystère du langage des abeilles. Un sceptique faisait part de ses doutes à Marcel Pagnol :

— Vous croyez qu'il les comprend vraiment?

— Oui, oui, c'est sûr! Il a même entendu une ouvrière dire « miel! » à la reine-mère.

*

Le dandy Robert de Montesquiou demandait à un banquier collectionneur de lui prêter des bijoux pour un bal costumé. Le banquier richissime ne lui prêta qu'une petite broche, avec ce commentaire:

— C'est un bijou de famille, prenez-en grand soin, j'y tiens beaucoup!

Montesquiou, vexé, écrivit peu après au banquier:

— J'ignorais que vous eussiez une famille, mais je croyais que vous aviez des bijoux!

*

Deux bâtonniers se trouvaient placés, à table, de chaque côté de la maîtresse de maison. Celui de droite racontait des histoires de chasse interminables. Profitant d'un bref silence, la dame demanda à celui qui se trouvait à sa gauche:

— Et vous, monsieur, chassez-vous?

— Non, madame... et heureusement pour vous!

*

Le conférencier Emile Vandevelde prononçait un réquisitoire contre l'alcoolisme. Il expliquait que le besoin d'alcool n'était pas naturel chez l'homme. En dialoguant avec l'assistance, il prit cet exemple:

— Tenez, mettez un âne entre un seau d'eau et un seau d'alcool, vers lequel ira-t-il ?

— Vers l'eau, assurément.

— Et pourquoi ?

— Mais parce que c'est un âne !

*

Le maire de Deauville, Michel d'Ornano, expliquait à quelqu'un un détail de l'histoire locale.

— Pourquoi Rip, le revuiste de la Belle Epoque, a-t-il une rue à son nom dans votre cité balnéaire ?

— Il a tellement perdu au casino que la municipalité d'alors a cru lui devoir une plaque !

*

Michel Audiard reconnaît qu'il aurait pu écrire cet échange de propos qu'il entendit dans un couloir du métro. Une passante de mauvaise humeur s'adressait à un mendiant :

— Je ne vous donnerai rien. Je sais que vous êtes un faux aveugle.

— C'est vrai, madame. Mais quand on voit une tête comme la vôtre, on le regrette.

*

Robert de Montesquiou, croisant une dame qu'il n'avait guère envie de saluer, crut bon d'abréger :

— Comment allez-vous ?

— Très vite.

*

Le nouveau directeur du Centre régional de la Sécurité sociale ne mâche pas ses mots.

— Combien de personnes travaillent dans vos services, monsieur le directeur ?

— Oh ! guère plus de la moitié.

*

Curnonsky, célèbre journaliste gastronomique, finit sa vie presque ruiné. En 1940, il s'installa chez Mélanie Ronat, dont il avait lancé autrefois le restaurant. Curnonsky fit part de ses difficultés financières à l'aubergiste de renom :

— J'aurai sans doute parfois de la peine à régler les additions...

— Eh bien, mon bon prince, dit l'excellente Mélanie, quand on a aidé à bâtir une maison, on a bien droit à une ardoise !

*

— Au moment de commettre ce vol chez l'épicier, vous n'avez donc pas entendu les cris de votre conscience ?

— Hélas, non, monsieur le président, ceux de mon estomac étaient si forts qu'ils m'ont empêché d'entendre les autres.

*

La mère, à son fils qui sort de prison :

— Tu me feras mourir de chagrin.

— Tant mieux, on ne trouvera pas l'arme du crime, répond le fils. (Michel Audiard)

*

Le général de Gaulle et Georges Pompidou assistaient à une représentation théâtrale. A l'entracte, ils se rendirent aux toilettes et se trouvèrent côte à côte pour satisfaire à leur besoin naturel. Georges Pompidou parla le premier, enthousiasmé par la première partie du spectacle :

— Mon général, quelle belle pièce !

— Allons, Pompidou, voulez-vous bien regarder devant vous !

*

Bergson était questionné sur la façon, optimiste ou pessimiste, dont il jugeait le progrès moral de l'humanité. Il répondit :

— La vérité ne triomphe jamais, mais les imbéciles finissent toujours par mourir.

*

Un président de cour d'assises estima, lors d'une cession, que le jury se montrait trop indulgent. Il dut annoncer la mise en liberté d'un inculpé pourtant parricide mais, irrité par le laxisme des jurés, ne put s'empêcher de demander au prévenu qu'on libérait :

— Avez-vous encore votre mère ?

— Oui, monsieur le président.

— Alors, à bientôt !

*

Au tribunal :

— Je n'étais pas ivre, monsieur le président, j'étais seulement pris de boisson !

— Ah! C'est différent! J'allais vous condamner à un mois de prison; maintenant, ce sera trente jours.

*

Aux assises, le condamné:
— Comment? Vingt ans de travaux forcés pour cette peccadille!
Le président, pince-sans-rire:
— Voyons, mon ami, vous devriez être heureux, tout le monde voudrait avoir vingt ans!

*

Un financier sorti de prison, sans un sou vaillant, dit à son ami:
— C'est égal, il est dur, à mon âge, de recommencer sa vie.
— A ta place, reprend l'ami, j'en recommencerais une autre.

*

Un avocat général du début du siècle aimait la chasse. Il fit l'ouverture avec un jeune juge du tribunal de sa juridiction. Au cours de la chasse, un lièvre déboula tout près d'eux, le juge épaula, tira en déclarant, trop vite satisfait:
— Condamné!
— Peut-être, mais par contumace! ajouta sur-le-champ l'avocat général en voyant le lièvre détaler.

*

Un député, par ailleurs avocat, demandait à Aristide Briand un conseil à propos d'un de ses clients, d'origine étrangère.

— Mon cher président, vous qui avez été garde des Sceaux, vous allez pouvoir me renseigner. J'ai un client qui doit être expulsé à l'expiration de ses quinze mois de prison et je ne parviens pas à faire révoquer l'arrêté d'expulsion. Comment pourrait-il rester en France ?

— C'est bien simple, qu'il se fasse de nouveau condamner à quinze mois de prison.

*

Dans une conversation, des magistrats racontaient l'excursion faite par l'un d'eux et qui faillit mal se terminer :

— Le sol s'est éboulé sous mes pieds, j'ai roulé pendant trente mètres. Je voyais la mort toute proche…

— J'espère que vous avez pensé à votre salut et demandé pardon pour toutes les erreurs judiciaires que vous avez commises !

— Je vous ai dit que j'avais roulé pendant trente mètres et non pendant trente kilomètres !

*

Un comte invite un médecin à la chasse. Passe un lièvre.

— A vous, docteur…

Le lièvre est raté, puis un faisan, puis trois lapins.

— Ah çà, docteur ! fait le comte en se retournant en riant, vous ne tuez donc que quand vous ne visez pas?

*

Dans sa série sur *Les Médecins*, Alain Faivre, dessinateur de la Belle Epoque, rapporte ce dialogue entre un praticien et un parent du défunt:
— Alors, votre cousin s'est vu mourir?
— Oh! admirablement. Son lit était en face de la glace.

*

Un médecin impayé et injurié disait à Alexandre Dumas père:
— Je vous enverrai mes témoins!
— Attendez que je sois malade, suggéra Dumas, vous serez sûr de ne pas me manquer!

*

Le juge:
— Donc, vous avez été ramené hier par deux agents...
Le prévenu:
— Oui, par deux agents.
Le juge:
— Ivre, bien entendu?
Le prévenu:
— Oui, oui... tous les deux.

*

Une femme qui frisait la quarantaine téléphona à la princesse Murat pour qu'elle la conseille au sujet d'un bal costumé. La princesse demanda :

— Qui représentes-tu dans cette scène ?

— Vénus !

— Alors, dépêche-toi ! dépêche-toi !

*

Un Auvergnat plus vrai que nature apprend que sa femme a péri en mer lors d'une croisière et que l'on n'a pas retrouvé son corps. La nouvelle le consterne mais il trouve un peu de consolation en pensant qu'il économise ainsi les frais des obsèques.

Huit jours plus tard, il reçoit le télégramme suivant :

— Retrouvé sur plage corps de votre épouse recouvert de crevettes.

Il expédie la réponse suivante :

— Vendez crevettes et rejetez appât à la mer.

*

Le professeur de médecine Henri Mondor écoutait une personne se moquer du corps médical :

— Monsieur Mondor, il n'y a pas de plus mauvais malades que les médecins.

— Et il n'y a pas de plus mauvais médecins que les malades !

*

Une milliardaire monégasque se plaignait de graves insomnies. Son médecin lui donna ce conseil :

— Le mieux est d'avoir recours au vieux truc des moutons. Vous savez, avant de s'endormir, on les compte...

Devant la mine insatisfaite de sa patiente, l'homme de science précisa :

— Naturellement, en ce qui vous concerne, vous pouvez fort bien compter des visons.

*

Lors des funérailles de Louis XV, des ivrognes chantaient dans les cabarets situés sur le parcours du cortège funèbre. Mais les aubergistes refusaient de servir du vin aux clients :

— Nous devons honorer la dépouille du roi qui va passer.

Un des ivrognes lança :

— Ce bougre-là nous a fait mourir de faim pendant sa vie et, à sa mort, il nous fera encore mourir de soif !

*

Un célèbre médecin du passé, le docteur Bouvard, formula cet avis quand une dame le questionna sur l'efficacité d'un médicament à la mode :

— Que pensez-vous de ce remède ?

— Dépêchez-vous d'en prendre pendant qu'il guérit !

*

Au pied du lit de son patient, le médecin fait face à la vérité :

— Vous êtes un homme. Je ne dois pas vous cacher que vous êtes sérieusement malade. Avez-vous quelqu'un à faire prévenir ?

— Oui... oui, certes.

— Qui donc ?

— Un autre médecin.

*

Le malade :

— Pensez-vous que je survivrai à cette opération ?

Le chirurgien :

— Oui, mais en toute franchise, je ne vous le conseille pas.

*

On reprochait au docteur Delon, un mesmériste de l'Ancien Régime, le décès d'un patient :

— Docteur Delon, il est mort malgré la promesse que vous aviez faite de le guérir !

— Vous avez été absent. Vous n'avez pas suivi le progrès de la cure : il est mort guéri.

*

C'était avant l'abolition de la peine de mort.

Lors d'un dîner, une discussion sérieuse tournait autour de la justice. Quelqu'un rappelait la relativité des jugements, dans l'espace comme

90

dans le temps. L'écrivain Jean Mistler intervint alors :

— La justice est aussi changeante que la mode mais la mode n'agit que sur les chapeaux. La justice, c'est sur les têtes.

IV

LES POÈTES

Lors d'une interview délibérément insolite, un journaliste posait des questions destinées à sortir des sentiers battus. Ce jour-là, l'invité était Antoine Blondin :

— Croyez-vous que l'homme descende du singe ?

— Il descend plutôt du songe.

*

André Fraigneau interrogeait Jean Cocteau :

— Si votre maison brûlait, qu'emporteriez-vous ?

— Le feu !

*

On apprenait à Jacques Prévert qu'un producteur de cinéma venait d'acheter une superbe voiture américaine :

— C'est pour venir plus vite nous dire qu'il est ruiné !

*

Louis XIV questionna Boileau au sujet de quelques vers qu'il avait composés :

— Qu'en pensez-vous, cher poète?

— Rien d'impossible à Votre Majesté! Elle a voulu faire de mauvais vers et elle a réussi.

*

Un jeune poète soumit deux sonnets à Piron pour que ce dernier lui dise lequel il préférait. Se contentant de lire le premier, l'humoriste affirma sèchement:

— J'aime mieux l'autre.

*

La poétesse Anna de Noailles, rencontrant Colette qu'on venait de décorer et qui était devenue un peu large des hanches, lui lança:

— Au lieu d'un ruban, c'est une sous-ventrière qu'on aurait dû vous donner.

— Vous voulez dire un cache-sexe.

— Colette, vous êtes si glorieuse que vous n'avez rien à cacher.

*

Quelqu'un disait du bien de Henri de Régnier. Le poète et critique Laurent Tailhade, par ailleurs anarchiste, ajoutait:

— Quel homme charmant! Courtois, distingué, généreux, affable, époux de la charmante fille de José Maria de Heredia, décoré de plus, d'une honnêteté scrupuleuse... Je sais bien qu'il y a ses poèmes, mais que voulez-vous, personne n'est parfait.

*

On demandait à Catulle Mendès ce qu'il pensait du bonheur.

— Ce qu'il y a d'admirable dans le bonheur des autres, c'est qu'on y croit.

*

Un quidam disait à Paul Claudel :

— Je vais vous livrer toute ma pensée...

— Non, je vous en prie ! répondait le poète. Tout, c'est trop...

*

Jules Renard rapporte un mot de Claudel, entendu à l'occasion d'un repas. Il parlait du mal qu'avait fait à la France l'affaire Dreyfus à l'étranger.

— Mais la tolérance ? lui dit Jules Renard.

— Il y a des maisons pour ça, répondit Claudel.

*

Le poète Léon-Paul Fargue était plongé dans l'annuaire du téléphone comme dans un livre. Un de ses amis lui demanda :

— On dirait que ça t'intéresse !

— Beaucoup, ça manque un peu d'action mais qu'est-ce qu'il y a comme personnages !

*

Ecouchard-Lebrun, féroce auteur d'épigrammes, composa ce dialogue à propos de Dorat-Cubières, un confrère qu'il n'aimait pas :

— *On vient de me voler…*
— *Que je plains ton malheur !*
— *Tous mes vers manuscrits.*
— *Que je plains ton voleur !*

*

En visite chez un ami et le surprenant en train d'écrire, Baudelaire le questionne :

— Vous êtes occupé. Qu'est-ce que vous faites là ?

— Ce n'est rien, une chose à laquelle je ne mets pas d'importance.

— Vous avez tort. Il faut mettre de l'importance à tout ce qu'on fait. C'est le seul moyen de ne pas s'ennuyer.

*

Une femme entreprit de faire partager à Malherbe son enthousiasme pour un poème :

— Je veux vous montrer les plus beaux vers du monde !

— Pardonnez, madame, je les connais. Car puisqu'ils sont les plus beaux, il faut que ce soit moi qui les aie faits.

*

Un personnage haut placé dans la magistrature demanda à l'auteur des *Fleurs du mal* pourquoi il choisissait des sujets si atroces. Baudelaire expliqua :

— Monsieur, c'est pour étonner les sots.

*

Yves Martin, poète distrait, noctambule et prix Apollinaire, sortit d'un café des Champs-Elysées à l'aurore. Il aperçut un ivrogne qui lui demanda :

— Dites-moi, monsieur, est-ce le soleil ou la lune que j'aperçois ?

— Oh ! excusez-moi, je ne suis pas du quartier, j'habite le 18e.

*

André Frédérique, l'auteur de *Poésie sournoise*, le poète désespéré qui mit fin à ses jours en 1957, était allé voir un spectacle de cabaret intitulé *Sitivatiri*.

Il rendit compte de sa déception, en harmonie avec l'orthographe du titre de son article : *Jéparidutou*.

*

Laurent Tailhade, victime d'un attentat anarchiste dans un restaurant, avait perdu un œil.

Une de ses connaissances le plaignait :

— Mon pauvre ami, c'est horrible de perdre un œil.

— Enviez-moi, au contraire ! Quand je mourrai, je n'aurai qu'un œil à fermer.

*

Un soir de 1871, chez Victor Hugo, on envisageait les moyens de mettre fin à la Commune. Le grand poète, un peu délirant, fit part d'une idée qu'il jugeait excellente :

— Il y a bien un moyen et il est infaillible... Je monte sur la première barricade venue et je me fais tuer !... La Commune cesse...

— Pour vous, évidemment... enchaîna Aurélien Scholl qui remit ainsi Hugo à sa place, non sans cruauté.

*

Dans l'île Saint-Louis, le propriétaire de Baudelaire lui fit cette remarque :

— Monsieur Baudelaire, mon immeuble est très respectable et vous y faites beaucoup trop de bruit ! A quelles occupations vous livrez-vous pour mener un tel tumulte ?

— Je vous donne ma parole que rien d'extraordinaire ne s'y passe. Je fends du bois dans le salon, je traîne à terre ma maîtresse par les cheveux ; cela se fait chez tout le monde, et vous n'avez nullement le droit de vous en préoccuper.

*

Un nommé Marolle, collègue de Lignières, lui confiait avec une certaine fatuité :

— Mes vers me coûtent peu.

— Ils vous coûtent ce qu'ils valent.

*

Paul Valéry discutait avec un feuilletoniste d'une médiocre qualité littéraire. Ce dernier affirmait au poète :

— Après tout, pour un écrivain, l'important c'est d'être lu !

— Non, relu !

*

En présence du poète François Coppée, on évoquait un couple heureux, parfaitement accordé. Quelqu'un résuma l'impression générale :

— Ils sont vraiment bien assortis !

— Oui, dit Coppée, ils riment riche !

*

Un jeune poète soutenait que ses poésies seraient lues lorsque Victor Hugo serait oublié.

— C'est possible, lui dit-on, mais pas avant.

*

— Travaillez-vous en ce moment ? demandait-on au bon poète Raoul Ponchon, œnophile nonchalant.

— Non... dit-il. Non certes, cela me ferait perdre du temps.

*

Un conteur rapporte l'épigramme écrite contre un plagiaire convaincu de ne pas l'être :

— *Quoi qu'en disent certains railleurs,*
J'imite et jamais je ne pille.

— Vous avez raison, monsieur Drille,
Oui, vous imitez... les voleurs.

*

Un poète demandait à Paul Verlaine un jugement sur ses vers :
— Votre sonnet est destiné à la postérité... mais je doute qu'il atteigne son adresse.

*

Guillaume Apollinaire aimait à raconter l'histoire de Lili de Mercœur — un nom qu'il fallait prononcer *Mercure*. Quand elle demandait, le matin, à sa propriétaire : «Quel temps fera-t-il aujourd'hui», celle-ci lui répondait toujours :
— Vous devez le savoir mieux que moi.

*

Voltaire, accusé par un collègue d'être un plagiaire, répondit par cette épigramme :
Tu m'accuses de plagiat
Et non sans fondement, Zoïle :
J'ai dit que tu n'étais qu'un fat
Et ne l'ai dit qu'après toute la ville.

*

Un rimeur de talent, nommé Battaille, avait transmis ses vers à Hugo qui l'encensa de cette manière :
— Vous ne vous appelez pas «Battaille», ami, vous vous appelez «Victoire» !
Aucunement dupe de la politesse de la louange,

le rimeur, qui devait connaître les goûts de Victor Hugo pour les amours ancillaires, lui fit parvenir ce mot :

— Vous faites erreur, maître ; je m'appelle bien « Battaille »… « Victoire » est le nom de ma bonne.

*

Une dame questionnait d'un ton suffisant Victor Hugo :

— Monsieur Hugo, croyez-vous à l'immortalité de l'âme ?

— Madame, si je ne croyais pas à l'âme immortelle, je ne serais pas Victor Hugo.

*

Au cours d'un repas, Jean Viennet, poète académique, farouche ennemi des Romantiques, critiquait Lamartine :

— C'est un vaniteux qui se croit le premier homme politique de notre époque et qui n'en est même pas le premier poète.

— En tout cas, il n'en est pas non plus le dernier, car la place est prise ! lança de l'autre bout de la table la romancière Sophie Gay.

*

— Ah, maître, je raffole de votre « Midi » ! déclarait une admiratrice à Leconte de Lisle qui rétorqua :

— Moi aussi, madame, c'est l'heure de mon déjeuner.

*

Victor Hugo avait un barbier fort bavard. Ce dernier fut effrayé par des rumeurs faisant état d'une prochaine fin du monde. Tout en rasant Hugo, il lui disait :

— Ah! bon dieu! on assure que l'année prochaine le monde va finir. Le 2 janvier 1840, les bêtes mourront et le 4 ce sera le tour des hommes.

— Vous m'effrayez! Qui donc alors me rasera le 3?

*

A l'occasion d'un dîner dont François Coppée était la vedette, on parla littérature. Seuls des poètes pouvaient donner un avis autorisé. Coppée, s'adressant à Victor Hugo, déclara :

— Des poètes, il n'y en a qu'un, ici.

— Eh bien... et moi? répliqua Victor Hugo avec un délicieux sourire.

*

Jean Cocteau a entendu ce dialogue à Bayreuth, pendant le festival Wagner.

Madame S. :

— C'est trop long.

Un monsieur (derrière elle) :

— C'est peut-être vous, madame, qui êtes trop courte.

V

RELIGION ET RELIGIEUX

Gilbert Cesbron portait un regard tourmenté sur notre monde. On lui posa cette question :

— Quel est votre diagnostic sur le XXe siècle ?

— Ce siècle a besoin de prophètes et il n'a que dès météorologues.

*

Quelqu'un parlait avec l'abbé Mugnier de Forain, le dessinateur corrosif, capable, dans la vie, des pires rosseries verbales.

— Comment, mon père, Forain peut-il être chrétien et si méchant ?

— Il a dû être baptisé avec du vinaigre !

*

Devant répondre sur la tolérance vis-à-vis des croyants, la chanteuse Annie Cordy déclara dans une interview :

— Si Dieu existe, j'espère qu'il ne m'en veut pas de ne pas croire en lui.

*

Le prêtre chargé de donner l'absolution à Landru le matin de son exécution lui posa la question traditionnelle :

— Croyez-vous en l'existence de Dieu ?

— Monsieur l'abbé, vous n'êtes pas sérieux. Je suis à l'article de la mort, on va me trancher la tête dans deux minutes et voilà que vous me posez des devinettes !

*

Louis XV mourut en 1774. Quelqu'un révéla la cause du décès à Monsieur Le Gallick, supérieur de Saint-Sulpice :

— Le roi est mort de la petite vérole.

— Il n'y a rien de petit chez les grands ! prononça le supérieur en se signant.

*

Gaby-Lou Pringué, un ami de Galtier-Boissière, avait rencontré un homme très âgé avec lequel il avait engagé la conversation.

— Vous sortez de la messe, peut-être ?

— Ciel ! Je n'y vais jamais ! Dieu m'a oublié, je l'espère. J'ai bien trop peur qu'il se souvienne de moi !

*

Un fait divers horrible parvint aux oreilles de la grande comédienne du XVIIIe siècle, Sophie Arnould :

— Savez-vous qu'un capucin a été dévoré par les loups ?

— Pauvres bêtes, il faut que la faim soit une chose bien terrible !

*

On parlait vie future, enfer, paradis. Seul Tristan Bernard se taisait. Sa voisine de table, impatiente, l'interpella :

— Et vous, monsieur Tristan, vous n'avez pas une opinion sur ces graves questions ?

— Une opinion ? Non, chère madame, mais une préférence. Certes, j'aimerais bien le paradis, à cause du Christ ; seulement l'enfer doit être joliment plus agréable, à cause de la société.

*

Chamfort expliquait à un ecclésiastique que, débordé par le travail, il ne pouvait se rendre dans sa maison de campagne que, pourtant, il appréciait beaucoup. L'abbé commenta :

— C'est peut-être mieux ainsi. Il faut toujours avoir un endroit où l'on ne va pas mais où l'on croit qu'on serait heureux si on y allait...

— Cela est bien vrai ! et c'est ce qui fait, sans doute, la réputation du paradis !

*

L'abbé Mugnier parlait religion avec la poétesse Anna de Noailles :

— Ah ! cher monsieur l'abbé, Dieu vous parle, à vous... A moi, il ne dit jamais rien...

— Madame, c'est parce que vous ne lui laissez pas placer un mot !

*

Au cours d'une promenade, Hugo rencontra Leconte de Lisle :

— Vous ne devinerez jamais à quoi je pense ?

— A quelque œuvre nouvelle, maître...

— Non, je songe à ce que je pourrai dire à Dieu quand je me trouverai en sa présence.

— Vous lui direz : « Mon cher confrère... »

*

Frédéric II professait un athéisme virulent. Lors d'une discussion entre intellectuels, il s'en prit à Arnauld Baculard qui soutenait la croyance en Dieu :

— Comment ! vous tenez encore à ces vieilleries ?

— Oui, sire, j'ai besoin de croire qu'il est un être au-dessus des rois.

*

Au cours d'une visite chez Robert de Flers, une dame aborda la question de Dieu. Robert de Flers avoua :

— Mais je suis très bien avec Dieu ! Pourquoi ne serais-je pas bien avec lui ? Il ne vient jamais me voir et il ne m'écrit pas !

*

Extrait du théâtre d'Eugène Labiche.

— Je marche dans une vallée de larmes !

— Eh bien ! mon vieux ! Marcher dans une vallée de larmes, ça doit être bien gênant surtout quand il y a du verglas !

*

Eugène Labiche était sur son lit de mort. Son fils lui murmurait :

— Papa chéri, tu vas bientôt retrouver maman au paradis. Alors veux-tu lui dire, s'il te plaît, que je pense à elle et que je ne l'ai jamais oubliée ?

— Dis donc ! Tu ne pourrais pas faire tes commissions toi-même ?

Et il mourut sur ces mots dits avec tendresse.

*

Reçu par lui dans son château de Valençay, le comte Montrond disait amicalement à Talleyrand qui, à sa surprise, venait de se décoiffer devant une procession mariale :

— Moi qui vous croyais en mauvais termes avec l'Eglise !

— Oui, en effet, Dieu et moi, nous nous saluons, mais nous ne nous parlons pas.

*

— Fernando Arrabal, croyez-vous qu'une forme de vie existe après la mort ?

— Non, je ne crois pas à l'au-delà mais au cas où... j'emporterai un caleçon de rechange.

*

Piron sortait, un Vendredi saint, d'un dîner copieusement arrosé quand il rencontra un ami du type intégriste qui, le voyant titubant, le visage illuminé, lui fit reproche :

— Oh, tout de même, mon cher Piron, un jour comme celui-ci, ce n'est guère édifiant !

— Tu as tort. Ce jour où la divinité succombe, l'homme peut bien chanceler.

*

Evêque de l'Ancien Régime, monsieur de La Ferronays s'était fait confectionner spécialement une culotte. A l'essai, elle se révéla trop étroite : impossible de la boutonner ! Le tailleur dut avouer :

— Elle est trop petite pour le derrière de Votre Grandeur !

— Dites plutôt : pour la grandeur de mon derrière.

*

L'évêque d'Amiens, monsieur de La Motte, était tombé sur un barbier maladroit qui avait entaillé son menton. Loin de s'emporter, l'évêque apostropha le responsable et lui donna une pièce supplémentaire avec ces mots :

— Je vous ai déjà payé pour la barbe. Voici pour la saignée.

*

Le père Riquet, connu pour ses prédications à Notre-Dame de Paris, restait insensible, dans une soirée, aux provocations d'une jeune écervelée. Se piquant d'esprit, elle voulut le mettre mal à l'aise :

— Je suis bien sûre, mon père, que vous ne souscrivez pas à la fameuse formule : « La femme est le chef-d'œuvre de Dieu ! »

— Mais si, madame, mais si, je le crois, je suis

prêt à le proclamer : la femme est le chef-d'œuvre de Dieu... quand elle n'a pas le diable au corps.

*

Une vieille coquette, convertie sur le tard, interrogeait l'abbé de Ratisbonne, au XIXe siècle :

— Mon père, commet-on un péché quand on prend plaisir à entendre les hommes dire qu'on est jolie ?

— Certainement ! Il ne faut jamais encourager le mensonge.

*

L'abbé Pellegrin, au XVIIe siècle, allait toujours assez pauvrement vêtu. Ses pièces lui rapportaient plus de soucis que d'argent.

Lors de la première de son opéra *Loth*, un de ses personnages prononçait ce vers d'une irrésistible ambiguïté :

L'amour a vaincu Loth...

Dans la salle, un plaisantin cria aussitôt :

— Vingt culottes ! Il devrait bien en donner une à l'auteur !

*

Après une séance à l'Académie française, l'abbé de Voisenon, inlassable victime des quolibets des autres, s'en plaignait à d'Alembert :

— S'il se fait quelque étourderie, on ne manque jamais de me la prêter !

— Monsieur l'abbé, on ne prête qu'aux riches...

*

En voyage dans les Pyrénées, Victor Hugo dormit dans un hôtel minable, près d'un lieu de pèlerinage. En feuilletant le livre des voyageurs, il découvrit ces mots rédigés par un prêtre espagnol :

— Songe ici, mortel, que mort tu seras mangé des vers.

— Et que, vivant, tu es déjà mangé des puces ! rajouta malicieusement le poète.

*

L'abbé de Balinière disait à Rivarol, au sujet du côté sanglant de la Révolution :

— L'esprit nous a tous perdus.

Et Rivarol de lui répondre :

— Que ne nous offriez-vous l'antidote ?

*

D'après Chamfort.

Une fille déclare à confesse :

— Je m'accuse d'avoir estimé un jeune homme.

— Estimé combien de fois ? demande le confesseur.

*

A une personne qui notait l'indécence de sa présence dans un univers où ne régnait pas toujours la charité chrétienne, l'abbé Mugnier répondait :

— Je peux bien aller chez la comtesse X. Ne suis-je pas le représentant de ceux que l'on faisait croquer par les tigres, dans les cirques ?

*

Le duc de Richelieu, peu de temps avant de mourir, recevait sa belle-fille, madame de Fronsac, venue quérir des nouvelles de sa santé.

— Vous avez, dit-elle, un visage charmant! Je vous assure...

— Vous prenez donc, madame, mon visage pour votre miroir?

*

En plein «blocus continental», Napoléon traversa une campagne et tomba sur un curé qui tisonnait un foyer sur lequel du café vert chauffait.

— Comment, mon père? Vous faites usage, vous, un prêtre, d'une marchandise prohibée?

— Aussi voyez-vous, sire, que je la brûle!

*

Un courtisan insistait auprès de Richelieu pour être promu dans l'ordre du Saint-Esprit. Malheureusement, le vaniteux n'avait à son actif aucun service de guerre.

— Avez-vous servi sous Henri IV?

— Non, monseigneur.

— Et sous Louis XIII?

— Non, monseigneur.

— Vraiment, monsieur, je m'étonne que n'ayant servi ni le Père, ni le Fils, vous prétendiez au Saint-Esprit!

*

Le visage de l'abbé des Ilêts, un prêtre du XVIIIᵉ siècle, était des plus ingrats. On se moquait souvent de son faciès et notamment dans le café où il déjeunait d'habitude. La patronne, entraînée par la jubilation des clients, ne l'annonçait plus que par ce calembour :

— Voici monsieur l'abbé ! Versez du café au laid !

L'abbé lui régla un jour l'addition ainsi :

— Vous avez, madame, d'excellent café, mais je crains que vous n'ayez point de bon thé.

*

Dans une église, le cardinal de Richelieu avait écouté avec ravissement le prêche d'un curé nullement ému par sa présence. Après l'avoir complimenté, il lui demanda le secret de cette assurance et reçut cette explication :

— C'est que j'ai appris mon sermon devant un carré de choux, monseigneur. Au milieu des choux verts, il y en avait un rouge : cela m'a accoutumé à parler devant vous.

*

L'ambassadeur Louis de Robien, dînant à Lisieux, se vit proposer du roquefort comme fromage. Mimant l'outragé, il fit remarquer au patron :

— Qu'est-ce que vous penseriez si je venais à Lisieux pour prier Notre-Dame de Lourdes ?

*

Le chanoine Kir, député-maire de Dijon, aimait jouer avec les mots. Un ministre des Finances ayant annoncé des mesures draconiennes en matière fiscale, il lui lança, en pleine Assemblée nationale :

— Votre politique, pour tout dire, c'est l'extrême-ponction !

*

On parlait avec Aurélien Scholl de la résurrection de Lazare d'entre les morts. L'interlocuteur de l'humoriste concluait son discours par ces mots :

— Ce n'est pas de nos jours qu'on verrait les morts se relever comme cela de leur tombeau !

— Oh non, la médecine a fait trop de progrès !

*

Quelqu'un félicitait le cardinal Daniélou d'être *entré* dans le célèbre *Petit dictionnaire illustré* Larousse :

— Le problème n'est pas d'y entrer, mais de ne plus jamais en sortir !

*

Dans un dîner en ville, on parlait d'une femme bien-pensante et mondaine. Jean Cocteau, qui la connaissait bien, ajouta son grain de poivre :

— Elle prend l'hostie quand il y a un peu de caviar dessus !

*

Chamfort était radicalement athée. Sur son lit de mort, un abbé insistait pour lui donner l'extrême-onction.

Chamfort attira à lui par le bras un ami et lui murmura :

— Je vais faire semblant de ne pas mourir.

*

François Mauriac rapporte la réplique d'une religieuse à une jeune fille qui se baignait nue. La jeune fille expliquait à la carmélite qu'elle pouvait rester nue sans crainte : en l'absence de tout témoin, il n'y avait point de péché.

— Je suis sereine, ma sœur. Personne ne me voit.

— Mais votre ange gardien vous voit. Les anges sont des jeunes gens !

*

Bayle, le philosophe du XVIIIᵉ siècle, parlait des fins dernières de l'homme avec l'abbé de Polignac qui lui demanda :

— Que pensez-vous de toutes les sectes, en matière de religion ?

— Je suis bon protestant !

— Bon protestant ! Ce mot-là est bien vague !

— Il est très positif, car dans le fond de mon âme, en matière de religion, je proteste en effet contre toutes.

VI

LES ACTEURS

A ses débuts, Eugène Ionesco ne connut pas le succès : *La Cantatrice chauve* n'attirait guère de monde. On demanda à l'auteur :

— Tenez-vous un rôle dans votre pièce ?

— Oui, celui du public.

*

Marguerite Moreno jouait dans un film un personnage de vieille fille. Le metteur en scène interrompt soudain le tournage d'une scène et s'approche d'elle, véhément :

— Marguerite, où as-tu la tête ? Qu'est-ce qui te prend, voilà que tu es jolie maintenant ! Ce n'était pas prévu dans le scénario...

— Je te demande pardon, mon vieux, ça m'a échappé !

La romancière Colette, qui aimait rappeler cette histoire, la commentait en ces termes :

— On n'est pas toujours maître de son âme.

*

Interrogé sur l'utilité éventuelle du comique, l'acteur-metteur en scène Gérard Jugnot répondit dans une interview :

— Le comique, c'est comme les essuie-glaces :
ça n'empêche pas la pluie mais ça permet de voir
pour avancer.

*

Une dame discutait avec la comédienne Augustine Brohan et lui confiait :
— Moi, ma chère, je tiens à ma réputation.
— Mon Dieu, pourquoi vous attacher toujours
à ces petitesses ?

*

Lors d'une conférence de presse, Coluche
annonça qu'il voulait bien se prêter au jeu des
questions et des réponses.
Au premier journaliste qui leva le doigt pour
l'interroger, il s'empressa de dire :
— La réponse est oui. Quelle est votre question ?

*

Pierre Brasseur débuta au théâtre dans des
rôles pas toujours à son avantage. Il joua un jour
une pièce très mauvaise qu'il ne put sauver.
L'auteur, amer, lui fit cette remarque :
— Comment, vous si drôle, si spirituel dans la
vie, pouvez-vous être si terne dans ma pièce ?
— C'est que dans la vie le texte est de moi !

*

Bernard Blier et sa femme avaient reçu pendant plusieurs jours quelqu'un qui se montra d'une indélicatesse caractérisée, notamment en critiquant une partie des lieux :

— Votre maison n'est pas trop mal mais, en revanche, la pelouse me semble bien nue !

— Nous venons de planter les premiers arbres. Mais vous verrez comme ils seront grands la prochaine fois qu'on vous invitera !

*

Ses camarades de la Comédie-Française reprochaient à mademoiselle Clairon sa rareté. Elle fit remarquer : «Il est vrai que je ne joue pas fréquemment, mais une de mes représentations vous fait vivre pendant un mois. »

*

Le redoutable journaliste et dialoguiste Henri Jeanson avait appris par un ami que Fernandel devait être la vedette d'un film dont le sujet était l'amitié entre un homme et un cheval. Il fit mine de s'enthousiasmer :

— Fernandel y sera parfait ! Mais qui a-t-on engagé pour le rôle de l'homme ?

*

Lucien Guitry recevait beaucoup de pièces sans pouvoir les lire toutes. Un auteur connu lui fit parvenir son manuscrit avec ce billet : «Je vous parie un louis, cher ami, que vous ne lirez pas ma pièce. »

Lucien Guitry lui fit cette réponse, accompagnée d'un chèque de vingt francs :

— Vous avez gagné !

*

Fernand Raynaud fut choisi pour interpréter le rôle-titre du *Bourgeois gentilhomme*. La quasi-totalité des critiques tirèrent à vue sur ce spectacle. Comment réagir pour éviter un four retentissant ? L'humoriste trouva une parade qui se révéla assez efficace. Il fit paraître des placards publicitaires avec cette phrase habilement laconique : «*Fernand Raynaud dans le rôle de Monsieur Jourdain : la critique unanime !*»

*

Dans un film de Michel Blanc, un travesti descend aux W.-C. Il se rend du côté des femmes. Quand il s'apprête à sortir, il croise un homme qui a poussé la mauvaise porte et s'excuse :

— Oh pardon ! je me suis trompé.
— Pas de quoi ! En fait, c'est moi l'erreur.

*

— Ouah ! Si je veux devenir aussi mince que Vanessa Paradis, il faut que je maigrisse de vingt kilos !
— Ça serait pas plus simple de demander à Vanessa de grossir de vingt kilos ?

(Dialogue de Wolinski)

*

Interrogé sur son passé, André Roussin évoquait sa première pièce :

— Comment la jugez-vous, avec le recul ?

— Très mauvaise. Elle était si mauvaise que même les acteurs partaient avant la fin.

*

André Birabeau daubait avec un comédien sur une actrice âgée et fort méchante. Birabeau demanda :

— Toujours aussi rosse ?

— Toujours ! Elle ne rate pas une vacherie !

— A son âge, vous pouvez même dire qu'elle les rumine.

*

Lucien Guitry répétait une pièce de Jules Lemaître en présence de l'auteur. Le comédien ne possédait pas bien son rôle. Les défauts de mémoire excédèrent tant Jules Lemaître qu'il finit par déclarer à Lucien Guitry :

— Vous pataugez dans mon texte !

— Oh ! ça ne fait rien !... ça porte bonheur !

*

Elle avait refusé de jouer avec un partenaire qu'elle ne pouvait souffrir. Alors qu'elle venait d'écoper d'une condamnation, mademoiselle Clairon déclara à l'huissier royal :

— Allez ! Le roi peut disposer de ma liberté, de mes biens, de ma vie même, mais il ne peut rien sur mon honneur !

Peu après la scène, sa meilleure amie l'approuva en ces termes :

— Vous avez eu raison. Là où il n'y a rien, le roi perd ses droits.

*

Lors d'une représentation générale, l'actrice Marguerite Moreno s'aperçut que le critique Paul Souday s'était assoupi. Elle s'avança sur scène, désigna du doigt le dormeur et dit au public :

— Si l'un de nous n'est pas dans son rôle, ce soir, notre ami Paul Souday, lui, est tout à fait dans le sien. J'ai toujours dit qu'il avait un style ronflant.

*

On disait à Sophie Arnould, grande comédienne du XVIIIe siècle :

— L'esprit court les rues !

— Vous croyez ? Pour moi, c'est un bruit que les sots font courir !

*

Léonide Leblanc et Marie Colombier, deux comédiennes, se détestaient. Une amie de Léonide Leblanc lui disait :

— Elle est de plus en plus grosse, cette Marie Colombier, regarde ! Combien a-t-elle de baleines dans son corset ?

— Une seule, ça lui suffit.

*

Augustine Brohan aimait se moquer de ses camarades, peu pourvues du point de vue intellectuel. L'une d'elles lui demanda :

— Dis, Augustine, «jockey» prend-il un «q»?

— Bien sûr! Sans cela comment le pauvre diable monterait-il à cheval?

*

Une comédienne divorcée rencontre dans une réception son ancien mari, qui a épousé une cuisinière. L'une des invitées dit à la comédienne :

— Sa nouvelle femme a l'air de lui mitonner une belle petite vie!

— Elle a l'art d'accommoder mes restes.

*

Une camarade de scène confiait ses déboires amoureux à Sophie Arnould :

— Sais-tu, Sophie, que monsieur de Boufflers est bien mal élevé? J'en suis outrée.

— Il ne t'aime plus?

— Nous avons eu des mots, l'autre nuit... et j'ose à peine les redire... Il m'a traitée de... catin!

— Que veux-tu, ma chérie, les gens sont si grossiers aujourd'hui qu'ils appellent toute chose par son nom!

*

Un des acteurs du Théâtre-Français, hostile aux remarques d'Edouard Bourdet, lui demanda un jour :

— Monsieur l'administrateur, vous pouvez ne pas aimer mon jeu, mais j'ai mon public.

— Monsieur, je compte supprimer également votre public.

*

Le comédien Jules Berry avait la passion du jeu. Un de ses amis, Walter Kapps, le vit un soir arriver la mine triste et s'en inquiéta :

— Qu'est-ce qui ne va pas ?

— Je viens de perdre un ami.

— A quel jeu ?

*

Le comédien André Lafaur n'appréciait pas son collègue Pauley avec qui il jouait *Topaze*, de Marcel Pagnol. La pièce en était à la trentième représentation quand le directeur du théâtre accueillit Lafaur et lui annonça :

— On vient de me téléphoner que Pauley est souffrant, on ne pourra donc pas jouer, ce soir !

Désignant la foule qui s'amassait autour des caisses, Lafaur répliqua :

— Vous voyez !.. Ça se sait déjà !

*

La comédienne Simone s'entretenait avec une collègue plus âgée à propos de son comportement à la scène. Elle affirmait :

— Je n'ai jamais le trac lors d'une générale.

— Ma petite Simone, vous aurez le trac quand vous commencerez à avoir du talent.

*

Augustine Brohan évoquait la fuite inéluctable du temps quand quelqu'un énonça ce cliché :
— On ne peut pas être et avoir été !
— Pardon. Regardez les sots : sots ils ont été, sots ils restent !

*

La comédienne mademoiselle Mars s'étonnait qu'on lui trouvât mauvais caractère. Elle en parlait avec un critique.
— On me dit bien méchante !
— Vous ! Vous êtes bonne... depuis la rampe jusqu'à la toile de fond !

*

En raison de sa notoriété, Lucien Guitry était très sollicité. On lui présenta une jeune actrice qui n'avait tenu que des emplois modestes :
— Ne pourriez-vous lui faire décrocher des rôles plus importants, maître ?
— Si, si ! Désormais, elle n'apportera plus que des lettres recommandées.

*

A Rouen se plaida, au XIXe siècle, une affaire compromettant des gens de théâtre. Cité comme témoin, Alexandre Dumas déclina, à la demande du président, son âge, son adresse et sa profession :

— Auteur dramatique, si j'ose employer ce terme dans la ville de Corneille.

— Qu'importe ! commente le président. Il y a des degrés dans toutes les professions.

Autre témoin, une actrice toute jeune et délurée, qui aimait bien Dumas, arrive à son tour devant la barre.

— Votre profession ?

— Pucelle, si j'ose employer ce terme dans la ville où on les brûle !

*

Fernandel et Sacha Guitry répétaient une pièce de ce dernier, *Tu m'as sauvé la vie*. Leur amitié s'était accrue au fil des semaines de répétition. Guitry questionna Fernandel sur sa vie privée :

— Dites-moi, vous êtes marié ?

— Oui, maître, depuis vingt-trois ans.

— Je vous bats, mon cher ! Moi, ça fait quarante-trois. Bien sûr, il m'a fallu quatre femmes pour ça !

*

Rencontrant un de ses amis en promenade, l'air préoccupé, Sophie Arnould lui demanda :

— Que faites-vous là ?

— Je m'entretiens avec moi-même.

— Prenez garde : vous causez avec un flatteur !

*

Edwige Feuillère confiait à Fernand Gravey qu'elle était insomniaque. Le comédien lui demanda :

— Que faites-vous quand vous ne dormez pas ?

— Je choisis mes rêves.

*

Augustine Brohan fut courtisée par un comédien célèbre mais d'une grande laideur. Il se confia à elle :

— Hélas ! voilà bien des années que je vous aime ! Serez-vous éternellement inflexible ?

— Non ! attendez que je sois aveugle...

*

L'auteur dramatique Sedaine expliquait à Sophie Arnould l'échec d'une de ses pièces :

— Ma pièce était trop en avance sur son temps. La poire n'était pas mûre.

— Cela ne l'a pas empêchée de tomber.

*

Lekain, un comédien renommé du XVIIIᵉ siècle, se plaignait que le roi eût réduit de moitié sa pension. Quelqu'un lui opposait :

— Comment ! Un histrion n'est pas satisfait de six mille livres quand un gentilhomme comme moi se contente de cent louis ?

— Monsieur, comptez-vous pour rien la liberté de me parler ainsi ?

*

Au début du XXᵉ siècle, on prenait pour figurants des comédiens de second ordre, souvent âgés.

Paul Mounet allait entrer en scène pour une représentation de *Ruy Blas*. Il s'aperçut qu'un comédien figurant s'était passé du fond de teint et s'était souligné les yeux ainsi que la bouche.

— Pourquoi vous maquillez-vous, mon vieux ? On ne vous voit pas !

— Maître, on ne sait jamais, le décor peut tomber !

— Bravo ! Alors, maquillez-vous aussi les fesses. On ne sait jamais : vous pouvez perdre votre pantalon !

*

Un raseur, entré dans la loge de Sacha Guitry pendant un entracte, était parvenu à lui arracher la promesse de venir déjeuner avec lui.

— Soit, dit Guitry pour s'en débarrasser, j'irai.

L'autre remercie, prend congé et se dirige vers la porte…

Guitry qui, assis à sa table de maquillage, lui tournait le dos, le croyant sorti, jeta par-dessus l'épaule à son secrétaire :

— Alfred, vous allez écrire à ce crampon qu'il m'est impossible d'aller demain déjeuner avec lui…

Guitry s'arrête soudain. Il vient d'apercevoir dans la glace ledit crampon, non encore sorti de la loge, et dont le visage est décomposé. Alors il se tourne vers lui, avec une présence d'esprit admirable :

— Parce que je déjeune avec Monsieur !…

*

Le comédien Claude Dauphin pénétra dans une pâtisserie pour déguster plusieurs appétissants gâteaux. La vendeuse le questionna :

— C'est pour manger ou pour emporter ?

— Je les mangerai d'abord, je les emporterai ensuite.

*

Une comédienne au faible talent rencontra Feydeau et l'entreprit en lui récitant comme une litanie la liste des villes où elle l'avait interprété :

— Monsieur Feydeau ! Que je suis heureuse de vous voir ! J'ai joué vos pièces en province, à Montpellier, à Nancy, à Poitiers, à Chambéry, à Clermont-Ferrand, partout...

— Ça ne fait rien, je ne vous en veux pas.

*

On demandait à Robert de Flers la raison de son silence au sujet d'une actrice médiocre et prétentieuse :

— Pourquoi ne dites-vous rien de mademoiselle Dumont ?

— Parce que, mon bon ami, je n'arriverai jamais à dire d'elle tout le bien qu'elle en pense elle-même.

*

Apprenant qu'une demi-mondaine allait mettre au monde un enfant, Georges Feydeau lança :

— Jusqu'à présent, elle n'avait donné que la nuit, elle va enfin donner le jour.

«Les femmes devraient compter avec leur inconstance», écrivait Marcel Achard. Abordant avec son compère André Roussin une discussion sur les veuves inconsolables, l'auteur de *Jean de la lune* et de *Domino* exprima son doute.

— De telles veuves n'existent pas!

— Et Artémise? Et le monument superbe qu'elle fit élever à son époux Mausole?

— De nos jours, Artémise serait encore capable de faire élever un superbe monument, seulement après la pose de la dernière pierre, elle épouserait l'architecte.

*

L'auteur dramatique Jacques Deval avait un ami qui était amoureux d'une jeune actrice au caractère ingrat:

— Je ne comprends pas que tu la supportes!

— C'est la femme la mieux informée d'Hollywood. Par elle, j'apprends sans bouger toutes les nouvelles, tous les petits potins. C'est un journal vivant.

— Bon, bon! mais tu as tort de le lire au lit.

*

Sacha Guitry avait eu une altercation avec Hertz, le directeur de la Porte-Saint-Martin. Le comédien-auteur s'était permis de clore l'entretien par cette remarque brutale:

— Et puis, vous me dégoûtez! Quand vous mourrez, je n'irai pas à votre enterrement!

Très choqué, Hertz fit part de l'incident à Lucien Guitry:

— Vous rendez-vous compte ! Voilà ce que votre fils m'a lancé à la figure !

— Oui, ce n'est pas gentil. Eh bien, consolez-vous, Hertz, moi, j'irai !

*

Cécile Sorel, en raison de son comportement sous l'Occupation, dut comparaître devant un comité d'épuration :

— Madame Sorel, doyenne de la Comédie-Française. Partout, vous allez en ambassadrice de notre pays... Comment avez-vous pu vous faire photographier avec deux cents ennemis ?

— Fallait pas les laisser entrer !

*

Pendant un entracte, une de ses camarades disait à Augustine Brohan avec quelque ironie :

— Savez-vous, ma chère, que vous valez bien mieux que votre réputation ? On me disait que vous étiez méchante...

— Oh ! riposta Augustine, s'il fallait croire les gens !... On m'avait bien dit, à moi, que vous étiez bonne !

*

Lucien Guitry aperçut un jour deux nains sortir au même moment de deux rues différentes et se rencontrer au milieu d'une place. Tous deux commencèrent à discuter.

Un ami de Guitry lui fit part de sa curiosité :

— Je me demande bien ce qu'ils peuvent se dire !

— C'est bien simple. Ils se disent : « Comme le monde est petit de nos jours ! »

*

— Arletty, vous êtes d'origine modeste ?
— Pas modeste, d'origine.

*

— Vous avez été comédien, Hertz ? lui demandait un jour Lucien Guitry.
— Mais oui… longtemps. Tenez, j'ai joué pour la dernière fois à Reims.
Et Lucien Guitry de lever les yeux au ciel :
— Reims, ville martyre, déjà !

*

Un homme très laid se vantait, devant Augustine Brohan, de ses bonnes relations avec les personnes du genre féminin :
— Moi, les femmes m'ont toujours réussi !
— Excepté madame votre mère.

*

Un directeur de théâtre demanda à André Roussin :
— Ne pourriez-vous pas faire quelques coupures pour la reprise de votre pièce ?
— Pas un seul mot, mon cher ! Avouez que les coupures ne vont pas avec les reprises !

*

Lucien Guitry donnait ce conseil à ses deux fils, dont le bientôt célèbre Sacha :

— Mes enfants, on doit toujours enlever son chapeau quand on croise un mendiant.

— Mais si c'est un aveugle, papa ? demanda Sacha. Inutile de le saluer puisqu'il ne voit rien.

— Il faut aussi le saluer, mon enfant, pour le cas où ce serait un faux aveugle.

*

En voyage en province, Lucien Guitry reçoit du caissier de son théâtre le télégramme suivant :

— Votre fils demande de l'argent. Est-ce que je marche ?

— Sur la pointe des pieds, répond Guitry.

*

On faisait compliment à madame Denis de la façon dont elle venait de jouer *Zaïre*.

— Il faudrait, dit-elle, être jeune et belle.

— Ah, madame, reprit un complimenteur gaffeur, vous êtes bien la preuve du contraire !

*

Dans un théâtre de province, on jouait devant une salle quasiment vide. De plus, les spectateurs manifestaient, estimant les artistes inférieurs à leur tâche. Un acteur excédé s'avança vers la rampe et, s'adressant au public, lui lança :

— Prenez garde, vous savez, nous sommes plus nombreux que vous !

*

Un journaliste demandait à Marguerite Moreno, actrice plutôt mince :

— Est-ce vrai, en général, que les gens maigres ont de l'esprit ?

— Oui, mon gros.

*

Jean Cocteau, au restaurant, rencontre Charlie Chaplin et s'inquiète de sa mauvaise mine.

— Vous avez l'air fatigué ?

— Mais c'est normal. Pensez au nombre de salles dans lesquelles je joue chaque soir !

*

Une vieille actrice disait à Sophie Desmaret :

— Dans mon temps, ma petite, les comédiennes ne portaient aucun maquillage.

— Somme toute, vous n'aviez pas inventé la poudre !

*

Un journaliste demandait à Jean-Paul Belmondo :

— Quel est, selon vous, le plus grand acteur vivant ?

— Oh ! fit-il modestement, vous savez, nous sommes plusieurs.

*

Une jeune débutante déclamait avec quelque exagération son texte devant Louis Jouvet.

— Ah!... où suis-je? se pâma-t-elle.

— Au Conservatoire, et pas pour longtemps!
trancha le maître.

*

Lucien Guitry aimait porter des bretelles
excentriques. Quelqu'un le rencontra ainsi accou-
tré et lui dit:

— Vous avez la plus belle et la plus importante
paire de bretelles d'Europe!

— Oui. Mais elles sont dangereuses. En cas
d'incendie, je ne pourrai pas en sortir!

*

Au cours d'une représentation donnée sur le
boulevard du Temple, un jeune premier, plutôt
gringalet, chancela au moment de porter sa partenaire, l'imposante Léontine. Immédiatement,
un arsouille lui lança ce conseil du haut du pou-
lailler:

— T'es bête, fais deux voyages!

*

On parlait devant Sophie Arnould d'une comédienne au passé tumultueux qui venait de se
marier. Quelqu'un lui fit cette remarque:

— Elle aimait n'importe qui. C'était une véritable girouette.

— Et comme une girouette, quand elle est
rouillée, elle se fixe.

*

Sacha Guitry passait pour peu viril. Il rencontra dans une soirée Yvonne Printemps, connue pour ses nombreuses conquêtes. L'actrice lui lança :

— Cher Sacha, sur votre tombe je ferai inscrire : « Enfin raide ! »

— Et moi, sur la vôtre je ferai graver : « Enfin froide ! »

*

Augustine Brohan avait reçu gracieusement un billet de théâtre pour *La Tour Saint-Jacques* d'Alexandre Dumas, mais elle était mal placée. Aussi l'auteur s'excusa-t-il en adressant ces mots à Augustine :

— Ne m'en veuillez pas, ma chère. On fait ce qu'on peut, on ne fait pas ce qu'on veut.

Le lendemain du spectacle, la comédienne griffonna ces lignes à Dumas :

— J'ai vu votre pièce. Je suis bien de votre avis.

*

Un auteur contesta à Samson, comédien et écrivain, le droit de voter contre sa pièce lors d'une réunion du comité de lecture de la Comédie-Française :

— Vous ne pouvez pas donner votre avis. Vous avez dormi. Ne le niez pas, je vous ai vu !

— Mais, monsieur, le sommeil est une opinion !

*

A un acteur de premier plan qui avait divorcé depuis pas mal de temps d'une actrice aussi réputée que lui-même, on demandait s'il payait toujours une pension alimentaire à son ex-épouse.

— Que oui! De plus, c'est une pension très importante. Je me demande parfois si je ne devrais pas la réépouser pour *mon* argent.

*

Un personnage demande à son amie (dans *Le Jumeau*, film de Pierre Richard) quelle est l'importance de son propre découvert bancaire :

— J'suis à poil de combien ?

— Tu frises l'attentat à la pudeur.

*

Un matin, aux aurores, un ami de Martine Carol (elle-même alors au repos dans sa résidence méditerranéenne) téléphona. Il la prévenait que le bruit courait à Paris qu'elle venait de mourir.

Sans s'émouvoir, Martine Carol répliqua d'un trait :

— Mourir avec la grève des journaux qui va durer encore quelques jours! Mais, mon cher, il n'en est pas question!

VII

LITTÉRATURE ET ÉCRIVAINS

Dans une société brillante, quelqu'un fit obser-
ver à Voltaire :

— Ah ! Monsieur, que vous devez être content
de vos ouvrages !

— Je suis, répondit-il, comme le mari d'une
coquette, dont tout le monde jouit, excepté lui.

*

Fontenelle, selon Chamfort, alors qu'il était très
vieux et tout près du trépas, était interrogé sur sa
santé :

— Comment cela va-t-il ?

— Cela ne va pas, cela s'en va.

Son dernier mot fut une réplique spirituelle à
son médecin :

— Monsieur Fontenelle, que sentez-vous ?

— Je ne sens autre chose qu'une difficulté d'être.

*

Emile Littré, lexicologue célèbre, aussi érudit
que laid, appréciait les amours ancillaires. Sa
femme le trouva un jour dans le lit de la bonne.
Elle s'écria :

— Je suis surprise!

— Non, madame, corrigea-t-il, vous êtes étonnée, c'est moi qui suis surpris.

*

Antoine Blondin arrive au restaurant, commande, comme hors-d'œuvre, un avocat.

— Ensuite? demande le garçon.

— Je ne répondrai à votre question qu'en présence de mon avocat.

*

Chateaubriand écoutait la duchesse de Duras se plaindre de la fuite du temps:

— Hélas! Hélas! je glisse entre deux âges...

— Madame, j'ai beau vous regarder, je ne vois que le premier.

*

Un homme se vantait auprès de Marcel Aymé en ces termes:

— Moi, je me suis fait tout seul!

— Ah! vous déchargez Dieu d'une bien grave responsabilité.

*

Rulhière se plaignait de sa réputation de mauvaise langue et de méchante plume. Il avoua un jour à Chamfort:

— Je suis le meilleur des hommes. J'ai beau

fouiller dans ma conscience, je n'y trouve dans toute ma vie qu'une seule méchanceté.

— Quand finira-t-elle?

*

Au cours d'un repas, un convive placé entre madame de Staël et madame Récamier déclara:

— Je suis entre l'esprit et la beauté.

— C'est la première fois qu'on me dit que je suis belle, commenta madame de Staël.

*

Arrivant à Paris secrètement, Voltaire fut arrêté et on lui demanda:

— N'avez-vous rien, dans votre voiture, d'assujetti aux droits?

— Messieurs, il n'y a que moi ici de contrebande.

*

Sedaine brigua l'Académie française sans avoir beaucoup écrit mais sans avoir rien volé à personne. Il fit sa visite officielle de candidature à Voltaire, grand pourfendeur de plagiaires, qui déclara, en l'apercevant:

— Alors, Sedaine, c'est vous qui ne prenez rien à personne?

— Aussi, monsieur, ne suis-je pas riche!

*

Martial, le satiriste latin, imagina ce dialogue entre deux écrivains :

— Pourquoi ne m'as-tu pas envoyé ton dernier livre ?

— Pour que tu ne m'envoies pas le tien !

*

Chamfort portait sur ses contemporains et sur lui-même un jugement sans complaisance. Dans les *Petits dialogues philosophiques*, il propose cet échange cynique :

— Je lui ferais du mal volontiers.

— Mais il ne vous en a jamais fait !

— Il faut bien que quelqu'un commence.

*

Sainte-Beuve, dans ses écrits intimes intitulés *Mes poisons*, et qui sont posthumes, place ce dialogue :

— Vous ne voyagez pas ?

— A quoi bon voyager ? A quoi bon aller voir toujours des cadres de bonheur, quand on n'a plus à y placer de tableau ?

*

Voltaire avait lu péniblement le manuscrit d'un auteur qui voulait connaître son opinion. Il rendit le texte à son confrère en lui disant :

— Je l'ai lu et j'y ai même changé quelque chose.

A la dernière page, le *n* du mot *fin* avait été rayé et remplacé par un point d'exclamation, ce qui donnait :

— Fi !

Ou la plus courte note de lecture jamais commise !

*

Anecdote rapportée par Alain-Fournier dans ses *Chroniques et critiques*.

Un jour Brunetière recevait une dame qui lui avait apporté de la copie.

— Madame, dit Brunetière, je ne puis malheureusement publier votre roman. Et pourtant, c'est du pur seizième.

— Eh quoi, Monsieur, reprit la dame, aurais-je ce bonheur que mon œuvre, que mon style serait un style de ce grand seizième siècle !

— Madame, précisa Brunetière, j'ai voulu dire : du seizième arrondissement.

*

Un journaliste venait de publier un livre sur André Maurois et s'en entretenait avec François Mauriac.

— C'est une très bonne idée, lui dit l'auteur du *Nœud de vipères*. J'espère que vous avez consacré un chapitre à sa gentillesse.

— Non.

— Mais alors, qu'y a-t-il dans votre livre ?

*

Interrogé sur son goût des voyages, Paul Morand fit cette jolie réponse :

— J'estime que voyager, c'est aller chercher très loin l'envie que l'on a de rentrer chez soi.

*

L'élection de Marcel Pagnol à l'Académie française ne faisait pas l'unanimité chez les immortels. La preuve ? Pagnol avait permis à une équipe de *Paris-Match* de faire un reportage photographique sur une séance du jeudi. Lors du reportage, un académicien lui confia sa réserve :

— Ne craignez-vous pas que ce reportage nous fasse perdre un peu de notre mystère ?

— Quel mystère y a-t-il ?

— Le mystère de votre élection et votre présence ici ! rétorqua un autre confrère tout bas et dans son dos.

*

Lors d'un débat sur le roman policier, le duo Boileau-Narcejac devait s'expliquer sur sa façon d'écrire à quatre mains de fascinantes intrigues. Narcejac prit d'abord la parole :

— Boileau s'inspire toujours de son homonyme, l'auteur de *L'Art poétique*, qui a dit « Cent fois sur le métier remettez votre ouvrage ».

— Oui, dit Boileau, et je recommande instamment à Narcejac : « Policez-le sans cesse et le repolicez. »

*

Paul Léautaud fut surpris par un de ses amis en train de feuilleter rapidement le livre d'une romancière sans prendre la peine de séparer les pages :

— Vous ne le découpez pas ?

— Non, je n'ai jamais su découper les dindes.

*

Robert Sabatier est agacé par certaines questions (qu'il juge indiscrètes) sur ses idées politiques. En témoigne cet échange expéditif lors d'une interview :

— Etes-vous de gauche ou de droite ?

— Demandez-le à mon tailleur.

*

— Monsieur Willy, si vous deviez vivre dans une île déserte avec seulement cinq livres, qu'emporteriez-vous ?

— Cinq livres de chocolat.

*

Raymond Queneau était invité chez les Julliard (l'éditeur et sa femme, qui descendait de La Fayette). Cette dernière lui montra avec fierté une épée offerte par Washington :

— C'est là le plus beau souvenir que nous ait laissé La Fayette !

— Vous n'auriez pas préféré les galeries ? demanda l'auteur de *Zazie dans le métro*.

*

Une personne s'étonnait des bons sentiments que le romancier-paysan Emile Guillaumin éprouvait à l'égard de quelqu'un :

— Comment pouvez-vous faire pour l'aimer avec tous ses défauts ?

— Pardi ! Vous aimez bien la campagne malgré la boue !

*

Marcel Aymé parlait avec Roger Nimier du mensonge :

— Si la Vérité ne sort plus du puits, c'est sans doute parce qu'elle a peur de se mouiller...

— C'est peut-être plutôt parce qu'étant forcément nue, elle redoute d'attraper une contravention pour attentat à la pudeur...

*

Une anecdote, traditionnelle chez les académiciens français, évoque une discussion entre deux porteurs d'habit vert :

— Maître, avez-vous des nouvelles de notre cher X*** ?

— Oh, oui ! il est à moitié gâteux.

— Ah ! il va mieux alors !

*

Pierre Béarn avait invité Jean Giono à son micro :

— Pourquoi n'écrivez-vous pas des romans d'au moins mille pages comme c'est la mode ? Pourquoi pas, de votre part, un roman-fleuve ?

— Je voudrais bien mais je n'ai jamais su nager !

*

Alexandre Dumas venait de fêter ses soixante ans quand un romancier le rencontra :

— Vous, cher maître ? Ah ! Quel bonheur ! Eh ! vous avez une mine superbe ! Vrai, vous rajeunissez !

— J'y ai mis le temps !

*

Une jeune femme affirmait à l'écrivain Francis de Croisset :

— Ce que j'aime avant tout, dans la vie, c'est la vérité.

— Ma chère amie, il ne faut pas dire cela en se mettant du rouge.

*

Willy et son éditeur discutaient des conditions propices à la création littéraire. Willy avoua :

— Il m'est impossible d'écrire si je ne fume pas. Seulement, les havanes sont devenus si coûteux que j'ai dû me restreindre.

— Ah ? Vous avez diminué le nombre de vos cigares ?

— Non, le nombre de mes heures de travail.

*

Robert Mallet, alors jeune poète, se souvient de sa première rencontre avec Paul Léautaud. Après avoir poliment frappé chez lui, il entendit hurler derrière la porte quelqu'un qui lui permit d'entrer. Il s'exécuta et dit :

— Je voudrais voir monsieur Léautaud.

— Eh bien, vous l'avez vu. Ça suffit. Vous pouvez sortir.

*

Zola attirait sur lui des critiques de type scatologique. Quand Aurélien Scholl apprit que Zola briguait l'Académie française, il déclara :

— Zola à l'Académie ! Allons donc ! Impossible de l'y nommer : il faudrait percer le fauteuil...

*

Un lecteur qui trouvait dégoûtant le roman *Pot-Bouille* reprocha à l'éditeur cette publication :

— Que voulez-vous ? dit ce dernier. La vente est des plus satisfaisantes et nous marchons sur notre cinquantième mille.

— Oh ! je sais bien que tant que vous marcherez là-dedans, ça vous portera bonheur.

*

En direct, de la série des San Antonio.

— Comment as-tu trouvé mon cul, chéri ?

— Très facilement.

*

Emile Zola avait beaucoup de détracteurs. Il avait aussi des admirateurs inconditionnels. Parmi eux, Paul Alexis. Au cours d'une promenade, Zola dit à Alexis :

— Il fera mauvais, demain.

— Vous croyez ?

— Regardez le ciel...

— En effet.

— La lune se couvre.

— Devant vous ! s'exclama Alexis, outragé.

*

Jules Renard et Jean Lorrain étaient brouillés. Ils se retrouvèrent chez leur éditeur. Jules Renard engagea le premier la conversation :

— Je vous ai traité de chameau, l'autre jour, je le regrette profondément.

— Très bien, n'en parlons plus. Le mot vous aura sans doute échappé.

— Non, ce n'est pas cela. Je me suis souvenu, peu après, que cet animal est fort utile, lui.

*

On demandait à l'ancienne nourrice de d'Alembert ce qu'elle pensait de l'illustre philosophe :

— C'est un fou qui se tourmente pendant sa vie, pour que l'on parle de lui après sa mort.

*

Une jeune femme confiait au poète Francis Carco :

— Je consens à vieillir pourvu que mon cœur n'ait jamais de rides.

155

— Le cœur n'a jamais de rides... Il n'a que des cicatrices.

*

Voltaire eut à subir de nombreuses condamnations. Après la publication d'un ouvrage jugé trop subversif, quelqu'un lui annonça :
— Votre livre est condamné au feu.
— Tant mieux, mes livres sont comme les marrons. Mieux on les rôtit, mieux ils se vendent !

*

Mably, homme politique et écrivain du XVIIIe siècle, aurait peut-être pu prétendre à trôner parmi les Immortels. Ses amis s'étonnaient :
— Vous devriez vous présenter à l'Académie française !
— Si j'en étais, on pourrait s'étonner. J'aime mieux entendre dire : « Pourquoi n'en est-il pas ? »

*

Jean-Jacques Rousseau rendit visite à Gresset, l'auteur de *Vert-Vert* qui contait l'histoire d'un perroquet. Gresset questionnait Rousseau qui ne répondait guère :
— Vous n'êtes pas bien loquace !
— Monsieur Gresset, vous avez fait parler un perroquet mais vous ne ferez jamais parler un ours !

*

La question des «nègres» de Dumas revenait souvent dans l'actualité littéraire. Quelqu'un lui demanda un jour :

— Votre dernier roman est-il donc bien de vous ?

— Hélas oui ! J'employais mon valet de chambre à cette besogne, mais le drôle, étourdi par ses succès, m'a demandé de tels gages que je me suis vu forcé de travailler pour lui !

*

Florian fut élu à l'Académie française malgré les réticences de la marquise de Polastron qui l'accusait de n'avoir écrit que des pastorales. Marmontel prit la défense de Florian :

— Sans doute, mais à trente-neuf moutons, il fallait bien un berger !

— Dans ce cas, il fallait lui donner une bergère et non un fauteuil.

*

Un auteur médiocre faisait part de ses souhaits à un grand critique :

— Je voudrais travailler à un ouvrage auquel personne n'eût travaillé et ne travaillât jamais.

— Eh bien ! Travaillez à votre éloge !

*

Le critique Ernest La Jeunesse et l'écrivain Courteline se trouvaient installés dans un café. La Jeunesse but une gorgée de bière et sentit quelque chose de bizarre sur sa langue :

— Bah! Je viens d'avaler une mouche!

— Ah! tant mieux! Je suis toujours ravi quand il arrive malheur à ces sales bêtes!

*

Un bavard priait Fontenelle de l'excuser de l'importunité de sa logorrhée.

— J'abuse de votre patience, mes propos vous détournent de pensées plus sérieuses.

— Non, prenez-en à votre aise. Je ne vous écoute pas.

*

Jean Paulhan recevait beaucoup de manuscrits. En tête de l'un d'eux, un débutant avait cru bon de préciser:

— Les personnages de ce récit sont purement imaginaires; ils n'ont rien de commun avec des personnes existant ou ayant existé.

Paulhan lut ce manuscrit et le renvoya à son auteur avec ce commentaire:

— C'est le tort qu'ils ont!

*

Un ami de Paul Léautaud, Georges Faillet, qui signait Fagus, fut un poète populaire doublé d'un écrivain non sans verve. On lui doit ce court dialogue:

— Tu crains la justice: ta conscience te fait donc peur?

— La mienne, non; celle de mes juges, oui.

*

Une infirmière stagiaire sortait d'un hôpital en disant :

— Quelle tristesse de voir tous ces gens mourir !

Paul Léautaud réagit par ces mots cruels :

— Ça nous console de tous ceux qu'on voit vivre.

*

— Dites donc, vous lisez les lettres de vos locataires ?

— Oh, je n'en ai qu'un ; autrement, ça me prendrait trop de temps.

(Raymond Queneau, *Le Chiendent*)

*

Un critique reprochait à Dumas fils d'avoir écrit : «un vide douloureux qu'occasionnent les moments de faiblesse». Il disait :

— Quelle image singulière ! Comment une chose vide peut-elle être douloureuse ?

— Mon cher ami, vous n'avez donc jamais eu mal à la tête ?

*

Un tâcheron des lettres écrivait nombre de romans dont l'ensemble était d'une grande médiocrité. Dumas père en parlait de cette manière :

— Il m'a donné son dernier ouvrage à lire.

— Il aurait mieux fait de vous le donner à écrire.

Au XVIIIᵉ siècle, deux hommes de lettres s'entre-tenaient de la vie littéraire. La mine sombre, l'un dit à l'autre :

— Il est bien triste qu'un poème, dans lequel on me loue, ne se vende pas.

— Il est bien plus triste encore que deux poèmes dans lesquels on me déchire se soient vendus.

*

Du temps de sa jeunesse, Clemenceau fréquen-tait le salon de Stéphane Mallarmé. Il parlait lit-térature avec fougue.

— Moi d'abord, je pars d'un principe !...

— Oh ! ami, la vie est si compliquée : pourquoi ne pas partir, tout de suite, de deux ou trois prin-cipes à la fois ? le corrigea Mallarmé.

*

Barbey d'Aurevilly et Zola, aux styles fort diffé-rents, polémiquaient. Zola disait :

— Quand Barbey d'Aurevilly regarde son armoire à glace, il croit voir l'Océan.

A quoi Barbey répliquait :

— Quand Zola regarde une mare à purin, il croit voir son armoire à glace.

*

Rencontrant le correspondant d'un journal, Jean Genet lui demanda :

— Combien êtes-vous payé pour les bêtises que vous écrivez sur moi ?

— Trente francs le feuillet.

— Je dois dire que le mensonge est la seule chose bon marché en France.

*

Alexandre Dumas avait engagé un valet de chambre particulièrement impertinent. Un jour, l'auteur des *Trois Mousquetaires* se fâcha tout rouge :

— De deux choses l'une, hurlait-il, ou vous êtes fou ou c'est moi qui le suis !

— Connaissant Monsieur comme je le connais, ricana l'autre, je suis certain qu'il n'emploierait jamais un fou pour domestique.

*

Beauzée, grammairien réputé du XVIIIe siècle, avait la manie de corriger le moindre écart de langage. Surprenant sa femme au lit avec un jeune professeur, il entendit celui-ci, penaud, souffler à sa maîtresse :

— Je vous avais bien dit qu'il fallait que je m'en aille.

— Que je m'en allasse ! corrigea magistralement Beauzée.

*

Quelqu'un faisait remarquer à un critique, au sujet d'un mauvais romancier qui recevait fort bien :

— Mais comment pouvez-vous déjeuner chez lui si souvent, vous qui trouvez ses romans si mauvais ?

L'autre ne se déconcerta pas :

— C'est comme si vous me disiez, expliqua-t-il : « Comment pouvez-vous trouver bons les livres de X... alors qu'on mange si mal chez lui ? »

*

On annonçait qu'un romancier fécond, mais dont les livres n'étaient pas de lui, allait « se retirer de la littérature » et s'installer dans la fastueuse demeure que ses droits lui avaient permis d'acheter. On demandait confirmation de la nouvelle à un de ses nègres :

— Parfaitement authentique, fit-il négligemment. Il va se reposer sur nos lauriers.

*

Un jeune écrivain passait en revue les principaux ouvrages de ses aînés, les déchirant tour à tour cruellement.

— Quant à Paul F..., consentit-il enfin à reconnaître, j'avoue que c'est le meilleur fils du monde, et je l'aime beaucoup.

— A quelle sauce ? lança le critique Laurent Tailhade.

*

Jean Anglade, un romancier auvergnat, rencontre beaucoup de ses lecteurs lors des signatures. L'un d'eux, enthousiaste, lui fit cette confidence :

— Oh, j'ai beaucoup aimé votre dernier roman, il m'a tellement plu que j'ai failli l'acheter.

*

Un journaliste prétentieux racontait à Simone de Beauvoir dans quelles difficiles conditions il avait pu se rendre à une conférence de Sartre. Il lui disait avec vanité :

— J'ai eu toutes les peines du monde à obtenir une place ! Il a fallu que je dise qui j'étais !

— Et qui avez-vous dit que vous étiez ?

*

Un écrivain médiocre faisait le fier devant André Thérive :

— Je vais publier des pensées détachées.

— Comment ferez-vous ? Le néant forme un tout, on ne peut rien en détacher.

*

Balzac et Alexandre Dumas étaient brouillés. Le hasard les fit se rencontrer chez des amis communs. Ils n'échangèrent pas une parole pendant toute la soirée. Au moment de partir, Balzac dit tout fort :

— Quand je serai usé, je ferai du théâtre.

— Commencez tout de suite ! riposta Dumas.

*

Jean Dutourd disait à Jean-Edern Hallier qu'il y avait quelqu'un qui était à la fois un homme politique réussi et un écrivain réussi : Napoléon. Hallier compléta :

— Et de Gaulle. Il y a en lui du Bossuet revu et corrigé par le Sapeur Camember.

*

Une maîtresse de maison, qui avait convié Alexandre Dumas à un dîner, s'inquiéta, à son départ, de connaître son impression :

— Maître, avez-vous bien soupé ?

— Madame, on ne sait jamais si l'on a bien soupé que le lendemain matin.

*

Un de ses amis interrogeait Pierre Loti :

— Avez-vous lu le dernier roman d'Untel ?

— J'ai essayé.

— Vous savez qu'il l'a beaucoup travaillé...

— Je n'en doute pas, fit l'auteur de *Pêcheur d'Islande*. Ce n'est pas du premier coup que l'on parvient à être aussi ennuyeux.

*

On parlait d'un écrivain maniéré, suffisant :

— C'est un écrivain, dit l'un, qui ne donne rien aux hasards de la plume.

— Et les hasards de la plume le lui rendent bien ! riposta un autre.

*

Duclos, auteur au XVIIIᵉ siècle des *Considérations sur les mœurs*, disait à chaque fois pour exprimer son mépris :

— C'est l'avant-dernier des hommes.
— Pourquoi l'avant-dernier ?
— Pour ne décourager personne.

*

Madame de Staël et Bonaparte ne s'entendaient pas bien. La femme de lettres parlait de la Révolution :

— Quel est votre avis, général, sur ce qui vient de se passer ?
— Je n'aime pas les femmes qui parlent politique !
— Vous avez raison, sans doute ! Mais dans un pays où on leur a coupé la tête, il est naturel qu'elles se demandent pourquoi.

*

Dumas père sortait de la table d'un ministre.
— Cela s'est-il bien passé ?
— Sans moi, je m'y serais ennuyé !

*

Une femme un peu stupide demandait à Guy des Cars s'il était payé à la ligne.
— Oui, madame. Mais pour une seule ligne : celle de ma signature.

*

A propos de quelqu'un qui possédait un château que la rumeur publique disait hanté, Jean Mistler fit cette révélation :

— Il n'habite plus son château à revenants depuis qu'il a épousé une femme à revenus.

*

Madame de Staël fut interrogée par une de ses amies à propos d'un ouvrage autobiographique :

— Serez-vous bien sincère dans vos Mémoires en cours d'écriture et donnerez-vous les détails de vos galanteries ?

— Je ne me suis peinte qu'en buste.

*

Jean Dutourd, à la question « Etes-vous snob ? », écrivit pour réponse à un journal :

— Mon père était dentiste. Mon grand-père instituteur et mon arrière-grand-père paysan. Impossible, dans ces conditions, de n'être pas snob.

*

Dialogue de Boris Vian.

— Faut toujours voir le bon côté des choses.

— D'accord, retournez-vous !

*

La poétesse Anna de Noailles disait à Marcel Proust :

— Il est curieux que notre amitié soit si forte alors que nos pensées sont si différentes !

— Oh ! pas si différentes que cela ! Il nous arrive d'en avoir de communes. Là, par exemple, si je pense que vous êtes sublime, merveilleuse, extraordinaire... vous le pensez aussi, n'est-ce pas ?

*

Barbey d'Aurevilly se trouvait dans un salon où se produisait une chanteuse moins avantagée en cordes vocales qu'en poitrine. Quelqu'un lui demanda son avis :

— Comment la trouvez-vous ?

— C'est une cantatrice pour sculpteur.

*

Alexandre Dumas voulait montrer aux Marseillais qu'il savait faire la bouillabaisse. Il offrait cette démonstration dans un restaurant de Marseille quand on lui demanda :

— C'est-y vrai, monsieur Dumas, qu'Edmond Dantès savait, lui aussi, faire la bouillabaisse ?

— Té ! puisque c'est lui qui me l'a appris !

*

« De deux mots, écrivait Valéry, il faut choisir le moindre. » L'auteur du *Cimetière marin* entretenait André Gide de son goût toujours plus prononcé pour la concision, l'économie verbale.

— Réduire sa pensée à son expression la plus brève, tel fut mon souci constant.

— En somme, concluait Gide, le maître du genre, c'est Cambronne !

*

Voltaire se trouvait en Angleterre où la francophobie était particulièrement virulente. Des Anglais qui avaient reconnu le philosophe s'écrièrent :

— Tuez-le ! Mort au Français !

— Vous voulez me tuer parce que je suis français ! Mais voyons, ne suis-je pas assez puni de n'être point anglais ?

*

— Que faites-vous pour rester jeune ? demandait-on à Henri Jeanson.

— Je ne me quitte jamais.

*

Extrait du théâtre d'Henri Duvernois.

— Elle vous a frappé avec un coupe-papier ? Avez-vous vu un médecin ?

— A quoi bon ? Le coupe-papier n'était pas sale.

— Il faudrait savoir de quel livre il sortait !

*

Arpentant avec Marcel Pagnol les rues chaudes de Marseille, un habitant de la deuxième ville de France lui dit :

— Tu vois, cette prostituée, je l'ai toujours vue

là, à cet endroit. Je crois même que c'est elle qui a inventé la vérole.

— Qu'est-ce qu'elle a dû toucher comme droits d'auteur !

*

On parlait à Gabriel Bacri d'un homme pas très ragoûtant, décédé depuis peu. Il donna ainsi son avis :

— Il était si laid qu'on l'employait dans les cauchemars.

VIII

LES ARTISTES

Corot peignait avec fidélité un paysage d'Ile-de-France, mais il y ajouta un étang. Un ami s'étonnait :

— Pourquoi l'étang ?

— Il faisait très chaud, ce jour-là, expliqua Corot. Cela m'avait donné soif.

*

Picasso se promenait avec une femme du monde dans une exposition consacrée aux dessins d'enfants. Elle s'extasiait en disant :

— N'est-ce pas incroyable, monsieur Picasso, ces dessins font parfois penser à vos œuvres !

— Madame, moi, à douze ans déjà, je dessinais comme Raphaël ! répondit le peintre.

*

Dans une exposition, un Espagnol admirait une toile ratée.

— Comme c'est beau ! Beau et naturel ! Vraiment ce peintre peint comme il respire.

— Ah, bon ! Selon vous, l'auteur de cette toile serait asthmatique ? plaisanta Goya.

*

En 1858, le peintre Anastasis fut contacté par un marchand de tableaux :

— Combien cette toile ?

— Deux cent cinquante francs.

— Je vous en donne cinquante.

— Cinquante francs ! Il vaut mieux mourir de faim.

— Eh bien, j'attendrai !

*

Un ami de Toulouse-Lautrec, H.-G. Ibels, vivait péniblement de son art et ne pouvait pas toujours régler son loyer. Son propriétaire lui demandait en fin de terme :

— Mais enfin, quand me paierez-vous ?

— Je n'en sais rien, monsieur. Je suis peintre, je ne suis pas prophète.

*

Jean-Gabriel Domergue, portraitiste réputé, se promenait aux côtés d'une jolie blonde quand il rencontra Picasso. Le peintre d'avant-garde regarda les deux promeneurs et dit au peintre classique :

— J'ai bien envie de te prendre ton modèle.

— Eh bien moi, mon vieux, tu peux être sûr que je ne te prendrai jamais les tiens.

*

Un journaliste posait à Jean-Louis Forain cette question :

— Si le Louvre brûlait, quels sont les trois tableaux que vous essaieriez de sauver ?

— Les plus près de la porte !

*

Un peintre académique défendait son point de vue devant le critique Jean Dolent.

— Moi, monsieur Dolent, je me fais gloire de marcher à la suite des maîtres.

— Mon pauvre vieux, si tu marches toujours derrière eux, tu ne verras que leur cul !

*

Le peintre réaliste Tissot, de retour de Palestine, montrait avec fierté les illustrations qu'il avait dessinées en Terre sainte pour les Evangiles :

— J'ai tout exécuté en prenant modèle sur les paysages et les personnages de là-bas !

— Mon cher Tissot, l'Enfant Jésus n'est pas né à Bethléem mais à Epinal.

*

Un médecin conseilla à Degas de se changer les idées :

— Il faut vous forcer à sortir, et puis cela vous distraira.

— Mais, mon ami, si cela m'ennuie, moi, de me distraire ?

*

Une dame béotienne interrogeait Picasso à propos d'un de ses tableaux :

— Qu'est-ce que cela représente ?

— Cela représente un million.

*

Guitry rapporte comment le peintre Delacroix remit à sa place un critique qui, pourtant, ne tarissait pas d'éloges à propos d'un de ses tableaux.

— Ah ! monsieur Delacroix, voilà un chef-d'œuvre !

— Qu'est-ce que vous en savez ? répondit le peintre. Ce qui pousse Guitry à conclure : « Rembarrer un critique même quand il dit du bien, voilà évidemment le comble de l'art ! »

*

— Ce tableau représente-t-il un lever ou un coucher de soleil ? interroge un amateur.

— Un coucher, répond un ami du peintre Antonio Guansé.

— Comment le savez-vous ?

— Je connais le peintre, il ne se lève jamais avant onze heures.

*

Le peintre Jacques-Emile Blanche admirait une toile représentant madame Fabre-Luce jeune. Par maladresse ou défaut de galanterie, il déclara :

— Si je vous avais connue à cette époque, j'aurais volontiers fait votre portrait, moi aussi.

— Vous n'avez donc plus de talent?

*

On priait Satie, après le repas, de se mettre au piano. Il joua un peu et s'arrêta très vite. La maîtresse de maison lui dit avec regret :

— Oh, monsieur Satie, ce fut si court…

— Mais, madame, c'est que j'ai si peu mangé…

*

La femme de Manet venait de surprendre son mari qui suivait du regard une jolie femme :

— Non, mais! tu n'as pas honte?

— Ah! fit-il hypocritement, je croyais que c'était toi!

*

Un peintre, sûr de lui, cherchait l'assentiment de Degas :

— La peinture n'est-elle pas un objet de luxe?

— La vôtre, sans doute. La nôtre, c'est des objets de première nécessité.

*

Discutant avec le dessinateur Gus Bofa, le polémiste Jean Galtier-Boissière promettait :

— Je n'écrirais plus une ligne et je me remettrais à la peinture, si je gagnais les vingt millions de la Loterie nationale.

— C'est votre dernier prix?

*

Depaquit, modeste peintre du début du siècle, vécut pendant un certain temps dans un hôtel situé près de l'église Saint-Pierre, à Paris. Roland Dorgelès le plaignait d'habiter là:

— Ce ne doit pas être drôle de voir tous les jours des enterrements se rendre à l'église?

— Oh! tu sais, ce n'est jamais le même!

*

— Maître, comment peut-on transporter les statues imposantes et pompeuses? demandait une femme à Degas, dans une exposition.

— Ça se dégonfle, madame, ça se dégonfle!

*

Au cours d'un repas chez Forain et sa femme, Jean Lorrain, homosexuel notoire, auteur de romans obsédés comme *Monsieur de Phocas*, fut très irrité par les appels enflammés à la vertu de la maîtresse de maison. Lorrain voulut se retirer, malgré les excuses gênées de Forain qui invoquait leur ancienne amitié:

— Souviens-toi, Jean, de nos débuts, quand nous mangions de la vache enragée...

— Certes, dit Lorrain, mais moi je ne l'ai pas épousée!

*

On présentait Toulouse-Lautrec à Tristan Bernard. Celui-ci déclara:

— Il est si petit qu'il me donne le vertige.

*

On reprochait parfois à Toulouse-Lautrec ses tenues négligées :

— Un trou au pantalon? Bah! on n'en meurt pas. Sauf si l'on est scaphandrier, naturellement.

*

Jean Lorrain n'aimait pas Toulouse-Lautrec et lui déclara un jour :

— Vous me prenez pour un imbécile?

— Monsieur, pas du tout, dit le peintre, mais je peux me tromper!

*

A la fin d'un bon repas, un directeur de journal parlait d'un homme politique âgé, amoureux malheureux et, pour cela, de plus en plus gâteux. Forain donna la note morale :

— Le châtiment de ceux qui ont trop aimé les femmes, c'est de les aimer toujours.

*

Jean Nohain raconte qu'un producteur infatué de sa personne répétait sans cesse :

— Je suis d'autant plus heureux de ma réussite que je suis parti de rien.

Agacé de cette vanité, quelqu'un murmura autour de lui :

— Il a dû prendre un aller et retour!

*

Averti de la mort du marquis de Vernouillet, grand cocu devant l'Eternel, Forain résuma à sa façon la situation :

— La France se déboise.

*

Camille Saint-Saëns fit preuve de longévité créatrice. En 1916 encore, il entretenait quelqu'un de ses projets. L'interlocuteur était surpris par la vitalité du compositeur :

— Mais vous avez quatre-vingts ans bien sonnés !

— Sonnés, dites-vous ? Je ne les ai pas entendus sonner.

*

Au moment de payer l'addition dans un grand restaurant, Forain trouva un peu trop élevé le prix d'un plat cuisiné. Il fit appeler le patron :

— Voyons, ce canard, vous l'avez payé une vingtaine de francs à votre marchand de volaille...

— Je ne dis pas...

— Alors ? Cent cinquante francs, c'est bien cher !

— Monsieur Forain, quand vous peignez un tableau, vous n'employez même pas pour vingt francs de couleurs... et cependant vous le faites payer vingt mille francs. C'est votre signature qui vaut ça. Mon canard aussi est soigné, il est même signé.

*

Un amateur, heureux d'avoir cru percevoir une parenté entre un tableau de Degas et l'œuvre de l'auteur de *L'Oiseau bleu*, en fit part au peintre :

— N'est-ce pas, monsieur Degas, qu'on sent, dans cette toile, l'influence du poète Maeterlinck ?

— Monsieur, le bleu sort du tube et non de l'encrier.

*

Une dame, qui se vantait d'aimer la peinture, demandait son avis à Forain sur les toiles qu'elle collectionnait :

— Que pensez-vous de ma collection, mon cher maître ?

— Ce que j'en pense ? Pardon : comme artiste ou comme invité ?

*

Forain parlait avec quelqu'un de l'emprisonnement d'un financier :

— Forain, vous savez ce qu'on reproche à cet homme ?

— Je l'ignore. De quoi s'occupait-il ?

— De constitution de sociétés.

— Peut-être reproche-t-on à ses sociétés une faiblesse de constitution !

*

Un élève disait à Gounod :

— Il ne faut plus de maîtres ni de doctrines ; cela écrase l'individualité.

— C'est cela, répondit l'illustre compositeur, plus de pères : rien que des fils !

*

Jules Depaquit, dessinateur assidu du «Chat noir», ne payait pas ses dettes. Son concierge frappant à sa porte pour lui réclamer le loyer, il resta bouche cousue. Le concierge, qui le connaissait bien, insista à grands coups dans la porte :

— Je sais que vous êtes là, monsieur Depaquit, je vois vos souliers par le trou de la serrure !

— Je suis sorti en pantoufles ! cria Depaquit pour s'en débarrasser.

*

Mistinguett avait décidé de rédiger ses mémoires. On discutait de ce projet devant le peintre Van Dongen, célèbre portraitiste de la beauté féminine :

— Que pourra bien révéler Mistinguett ? Elle a déjà tout raconté dans un précédent livre !

— D'après mon expérience, dit Van Dongen, les meilleurs souvenirs des femmes sont ceux qu'elles inventent.

*

Le dessinateur Abel Faivre écoutait quelqu'un critiquer une femme qui avait tous les défauts :

— Par contre, d'une fidélité absolue à son mari, ajoutait-il.

Cette réserve suscita la réflexion d'Abel Faivre :

— Je vois, elle a tous les défauts… tous, sauf celui qui ferait plaisir à quelqu'un !

*

Le compositeur Lully avait très mauvais caractère.

Comme il devait se rendre à souper chez Louis XIV, on le pressa pour qu'il arrive à l'heure :

— Monsieur Lully, vous allez être en retard !

— Qu'importe ! Louis XIV peut tout se permettre, puisqu'il est roi, il se permettra donc d'attendre.

*

Une parvenue, qui reniait ses origines, s'évertuait à vivre dans le faste. Elle s'expliquait devant Forain :

— Oui, j'aime le luxe, c'est vrai. C'est une habitude que j'ai prise en mon enfance. Mon père a toujours eu sa voiture…

— … à bras ! ajouta Forain, toujours cruel.

*

Boni de Castellane faisait part au peintre Degas de son mépris des faussaires :

— Je suis choqué ! vraiment choqué par de tels brigands !

— Ah ! ces gens-là volent de nos propres ailes !

*

Napoléon n'était pas du tout musicien. Il disait au compositeur Mehul :

— La musique est le plus coûteux des bruits !

— Sire, Votre Majesté oublie le bruit du canon.

*

On reprochait à Satie de ne rien faire pour suivre la mode :

— Vous ne faites rien pour être à la page !

— Bah ! une page est si vite tournée !

*

Albert Willemetz essayait devant quelqu'un de déchiffrer la partition d'un musicien moderne. Le résultat était une insupportable cacophonie. Le témoin s'étonna :

— Maître... vous avez mis la partition à l'envers !

— Mais j'ai déjà essayé de l'autre côté, c'était pire !

On attribue parfois cette vacherie à Rossini exécutant Wagner (qu'il exécrait) de la même façon assassine.

*

La scène se passe sous l'Occupation. Des officiers allemands regardent des reproductions de peinture, en présence d'artistes comme Picasso. Devant « Guernica », les Allemands demandent :

— C'est vous, monsieur Picasso, qui avez fait ça ?

— Non, c'est vous.

*

Forain :

— Je ne sais pas ce qu'il devient. Je ne l'ai pas rencontré depuis longtemps.

L'ami lui répond :

— Bien sûr que non ! Il est à la Santé.

— Encore un homme à qui l'on ne pourra plus serrer que la menotte.

*

L'un des plus célèbres dessins de Forain parut dans *Le Figaro* pendant la guerre de 1914.

Il représentait deux poilus dans une tranchée criblée de mitraille. Et on pouvait lire ceci en légende :

— Pourvu qu'ils tiennent !...

— Qui ?

— Les civils, à l'arrière.

*

Alors que Giraudoux se trouvait dans l'atelier de Vuillard, d'un geste maladroit l'artiste fit tomber un peu de peinture sur le pantalon de l'écrivain.

— Excusez-moi, je vais chercher du nettoyant pour enlever la tache.

— Mais non, mais non, je vous en prie... Laissez la peinture où elle est et signez-moi mon pantalon.

*

Le compositeur Gluck cassa malencontreusement un carreau de boutique dans une rue de

Paris. Le montant du dégât s'élevait à trente sous. Le musicien offrit un écu pour rembourser le marchand qui, étant à court de monnaie, proposa d'aller en chercher.

— Inutile de vous déranger! Je vais compléter la somme en cassant un autre carreau.

Ainsi fut fait.

*

Dans une soirée, une jolie créature un peu chichiteuse déclarait:

— L'important pour une femme, c'est d'être belle. Les hommes se soucient fort peu de notre intelligence.

Forain se pencha vers son voisin:

— Voilà une bêtise qu'on ne pardonne à une femme qu'à condition qu'elle vous la dise nue, entre vos bras.

IX

HUMORISTES ET JOURNALISTES

— La voiture est en bas! dit-on à Jules Renard.

— Faites-la monter.

*

Sacha Guitry assistait à une soirée. Il se trouva seul, à un moment, près de l'entrée. Un goujat se moqua de lui en feignant de le prendre pour un maître d'hôtel.

— Pardon, mon brave, pouvez-vous m'indiquer les toilettes?

— Prenez cette direction, dit Guitry, suivez le couloir, tournez à droite. Vous verrez une porte où il est écrit *Gentlemen*. Alors, vous entrerez quand même.

*

A propos d'une femme stupide et prétentieuse, Alfred Capus n'hésitait pas à dire:

— Ses idées sont un peu bébêtes... mais elle a des excuses: ce ne sont pas les siennes!

*

Sortant d'un repas où il avait été placé à côté d'un personnage qui avait l'haleine un peu forte, Aurélien Scholl disait :

— Je savais bien que M. X... avait été exécuteur testamentaire, mais j'ignorais qu'il eût mangé le cadavre.

*

Yvette Guilbert demandait à Sacha Guitry :

— N'est-ce pas, monsieur Guitry, que je suis la femme la plus laide de France ?

— Du monde, madame, du monde !

*

— Il me doit encore quinze francs, soupirait Jules Renard.

— Vous savez qu'il est mort ?

— Oh, dans ce cas, je lui en fais cadeau.

*

On parlait avec Tristan Bernard d'une célèbre étoile de cinéma.

— Je vous assure, elle est encore jeune, dit quelqu'un. Elle ne doit pas avoir plus de la trentaine.

— La trentaine ! vous plaisantez. Elle était avec moi, l'an dernier, en Angleterre, dit un autre ; et elle-même en accusait quarante.

— Oui, fit Tristan. Mais c'était en Angleterre, il faut compter avec le change...

*

Aurélien Scholl avait été convié à un dîner. Depuis le début du repas, il gardait le silence. Son hôte lui en demanda la raison :

— Pourquoi ne dites-vous rien, mon cher Scholl ? Vous qui avez tant d'esprit !

— Bah ! Ce sont les gens qui ont le plus d'argent de poche qui sont les plus attentifs à ne pas le gaspiller !

*

Le dessinateur Chaval fut primé pour son film *Les oiseaux sont des cons*. Le président du jury s'appelait monsieur Contamine. Au moment du palmarès, le speaker eut un bafouillement de pudeur : « Premier prix : Chaval, pour son film *Les oiseaux sont... des... des oiseaux*. » Peu après, prenant la parole à son tour, Chaval remercia publiquement le jury et notamment son président, « Monsieur Oiseautamine » !

*

Dans les coulisses d'un théâtre, un machiniste heurte Tristan Bernard et fait tomber son chapeau. L'employé, qui transportait une horloge de décor sur son épaule, très gêné, se confond en excuses :

— Je suis vraiment navré, monsieur...

Tristan Bernard, après avoir épousseté son couvre-chef, murmure avec étonnement :

— Pourquoi, mon ami, ne portez-vous pas un bracelet-montre comme tout le monde ?

*

Dans une émission télévisée, on aborda le problème de la surveillance policière. Michel Audiard, interrogé, légitima à sa manière savoureuse l'existence des hommes du maintien de l'ordre :

— La police, c'est comme la Sainte Vierge : si elle n'apparaît pas de temps en temps, le doute s'installe.

*

Un échange assassin eut lieu entre Victor Cousin et Aurélien Scholl, le jour où ils furent présentés l'un à l'autre.

— Je n'aime pas l'esprit, monsieur, trancha Cousin.

— Je le sais, maître, j'ai lu vos œuvres.

*

Henri de Rochefort, le créateur du journal *La Lanterne*, fut provoqué en duel par un écrivain peu lettré.

Le marquis journaliste lui soumit ses conditions :

— Je le veux bien, mais nous nous battrons à l'orthographe. Jusqu'à ce que le sans faute s'ensuive !

*

Le cinéaste René Clair appréciait beaucoup Fernand Raynaud. Il vint le féliciter dans sa loge à la fin d'un spectacle. Les deux hommes ne s'étaient jamais rencontrés. Au cours de l'entretien, René Clair observa :

— C'est dommage qu'au cinéma vous ne tourniez que des stupidités.

— Monsieur, fit Raynaud, ai-je jamais refusé un film que vous m'auriez proposé ?

*

Charles Trenet n'a jamais caché le trac qui l'étreint toujours avant de chanter. Un journaliste lui demanda sa recette pour le dominer. Il expliqua avec humour :

— Il me suffit de penser à ma feuille d'impôts. Du coup, ma surexcitation disparaît... et je chante pour me remonter le moral !

*

La chansonnière Anne-Marie Carrière essayait des chaussures et se plaignait qu'on ne lui proposât que des modèles très étroits.

— Mais, madame, ces chaussures sont étroites parce que la mode l'exige, cette année !

— Je ne dis pas le contraire, mais moi, j'ai toujours mes pieds de l'année dernière.

*

Michel Audiard commençait à se lasser d'entendre un homme, qu'il connaissait à peine, lui raconter une longue histoire ennuyeuse. L'importun lui demanda :

— Que pensez-vous de tout cela ?

— C'est bien simple, je suis enroué de vous entendre.

*

Interrogé sur un homme politique très sensible aux problèmes des pays sous-développés et agréablement médiatique, Régis Debray, qui fut un moment conseiller de François Mitterrand, utilisa ce jeu de mots en forme de portrait :
— C'est un tiers-mondiste et deux tiers mondain.

*

Peu après les événements de mai 68, Edgar Faure débattait avec un adversaire qui le jugeait trop progressiste. Le ministre de l'Education nationale répondit par une citation de Marcuse. Réaction immédiate :
— Vous me citez Marcuse mais moi, je vais vous citer Balzac !
— Et comme cela chacun restera dans son siècle !

*

Tristan Bernard, d'origine israélite, fut arrêté par la Gestapo et conduit au camp de Drancy. Sacha Guitry lui rendit visite afin de lui apporter quelque réconfort.
— Quel lainage désirez-vous ? Un passe-montagne, un chandail, un caleçon de laine ?
— Apportez-moi donc un cache-nez.

*

On demandait à madame d'Argenson, la femme du ministre de Louis XV, ce qu'elle pensait des deux frères Pâris, également stupides.

— Lequel préférez-vous ?

— Quand je suis avec l'un, j'aime mieux l'autre.

*

Vestris, le grand danseur du XVIIIᵉ siècle, avait un fils particulièrement talentueux. Quelqu'un fit ce compliment au père heureux :

— Savez-vous bien que votre fils vous surpasse ?

— Je le crois bien, je n'ai pas eu un aussi bon maître que lui.

*

On disait à madame du Deffand au sujet d'un de ses amis très caustique :

— C'est une bien bonne tête.

— Oui, une tête d'épingle.

*

Le directeur du *Temps*, Adrien Hébrard, se mettait parfois en colère contre ses collaborateurs :

— Vous faites du *Temps* un cimetière ! hurlait-il. Un véritable cimetière.

Et il ajoutait, radouci :

— Si seulement on y trouvait quelques feux follets !

*

Arthur Meyer, directeur chauve, arrivait l'air épuisé dans ses bureaux du *Gaulois*. Alphonse Allais le questionna :

— Hé là ! mon cher Meyer, qu'est-ce qui ne va pas ? Vous avez l'air de souffrir diablement ?

— Oui... Oui... en effet... des rhumatismes au genou...

— Au genou ? Mais ces rhumatismes-là, ça s'appelle des migraines !

*

En 1913, un journaliste, Henri Putz, lança sans succès le quotidien *La France*. Au bout d'un mois, Putz menait déjà grand train et installait ses bureaux dans un vaste hôtel. Fier de ses locaux, il les fit visiter à Georges Feydeau.

— Dans cet espace, nous sommes vraiment à l'aise, c'est très agréable. Qu'en pensez-vous, monsieur Feydeau ?

— C'est magnifique, en effet. Vous allez pouvoir loger tous vos lecteurs !

*

On parlait avec Frédéric Dard des journaux et de leur réputation plus ou moins flatteuse. Il fut question du *Monde*. Dard eut ce commentaire :

— *Le Monde* est acheté par l'élite ; plus, malheureusement, par ceux qui font semblant d'appartenir à l'élite, sinon il ferait faillite.

*

On disait, au sujet d'un mauvais journaliste, à Aurélien Scholl :

— Il écrit au *Figaro*, au *Journal des débats*, etc.

— Oui, répliquait Scholl, il écrit au *Figaro*, il écrit au *Journal des débats*... mais personne ne lui répond.

*

Octave Mirbeau et Alfred Capus faisaient paraître sans grand succès un petit hebdomadaire, *Les Grimaces*. Un jour où ils se trouvaient ensemble au café passe un enterrement. Capus regarde Mirbeau et dit :

— Pourvu que ce ne soit pas notre abonné !

*

Lorsqu'il était directeur du *Figaro*, Alfred Capus reçut trois nouvelles sans grande valeur d'une jeune femme écrivain. Un matin elle se présenta :

— Monsieur, je viens prendre des nouvelles de mes nouvelles.

Capus lui rendit ses manuscrits avec ces mots :

— Mauvaises nouvelles, mademoiselle.

*

Jules Renard fut décoré — enfin ! — mais dans une promotion qui n'était guère brillante. Alphonse Allais s'écria :

— Oh ! vous avez vu, ce pauvre Renard qu'on a décoré dans une rafle.

*

— Gaudillat est mort... et on ne sait pas de quoi.

— On ne sait pas non plus de quoi il vivait, précisa Capus.

*

On demandait à Marcel Pagnol le secret de sa forme :

— C'est très simple. Je n'ai jamais touché une cigarette, un verre d'alcool ou une femme avant l'âge de quatorze ans.

*

— Je crois, dit Tristan Bernard, que, par étourderie, j'ai commis une erreur impardonnable : on aurait dû vous placer à ma droite, madame. J'ai dû vous faire l'effet d'un malappris...

— Mais non, dit l'hôtesse, j'ai cru simplement que vous étiez gaucher.

*

Une dame, raconte Alphonse Allais, déclarait à son pharmacien, en désignant son estomac :

— Je ne sais ce que j'ai, ça me monte, et puis ça me descend et puis ça me remonte...

— Je vous demande pardon, intervint l'humoriste, vous n'auriez pas avalé un ascenseur ?

*

On parlait d'un personnage connu pour ses excentricités.

— Savez-vous qu'il est devenu complètement fou, authentiquement fou ?

— Oui, répondit Alfred Capus. Il a régularisé sa situation.

*

On demandait son âge à Alphonse Allais :

— Impossible de vous le dire, il change tout le temps !

*

Francis Blanche est interrogé sur les régimes alimentaires.

— Crever gros, crever maigre ?... La différence est pour les porteurs.

*

Alexandre Vialatte répondait à quelqu'un qui s'étonnait de la faible notoriété de René de Obaldia, dramaturge, romancier et poète :

— Obaldia a toujours été célèbre, mais jusqu'ici personne ne le savait.

*

On demandait au fameux gastronome et humoriste Brillat-Savarin ce qu'il pensait du problème de se retrouver treize à table.

— Etre treize à table n'est vraiment dangereux que lorsqu'il n'y a à manger que pour douze.

*

Quelqu'un disait chez une marquise :

— Un peu de ces flageolets, monsieur ?

— Merci bien, madame. C'est une nourriture sans profit. Ça vous entre par une oreille et ça sort par l'autre.

*

François Truffaut parlait d'un de ces metteurs en scène de «la Vieille Vague» qu'il abominait :

— Vous savez qu'il a prévu de présenter son prochain film, à la presse, dans un avion en vol ?

— Tiens ! Et pourquoi cette excentricité ?

— Pour que personne ne puisse partir avant la fin.

*

Chamfort disait à un misanthrope qui lui avait présenté un jeune homme de sa connaissance :

— Votre ami n'a aucun usage du monde, ne sait rien de rien.

— Oui, dit le misanthrope ; et il est déjà triste comme s'il savait tout.

*

On parlait à Henri Jeanson d'un mauvais auteur de films dits «intellectuels». Il lança :

— On a toujours l'impression qu'il a fait Kafka dans sa culotte.

*

— Comment va-t-il ? demandait Aurélien Scholl à propos d'un financier douteux.

— Très mal. Il est condamné par les médecins.

— Par les médecins ? Ça doit le changer !

*

Alphonse Allais était très mécontent des gâteaux que lui avait vendus une pâtissière de son quartier. Il passe un jour une importante commande. La commerçante s'enquiert :

— Vous donnez sans doute une réception ?

— Non, fait Allais, glacial. C'est juste pour empoisonner mon chien.

*

Deux chirurgiens venaient de se battre en duel.

— Ils voulaient absolument s'entre-tuer ! disait-on à Tristan Bernard.

— Ces médecins ! lança ce dernier, voilà que nous ne leur suffisons plus !

*

Lors d'une soirée où il y avait du beau monde, Francis Blanche fut pris en flagrant délit de bâillement. Il s'expliqua alors qu'on lui en faisait le reproche :

— Si je bâille, ne croyez surtout pas que c'est en raison de ma mauvaise éducation, c'est simplement parce que je m'ennuie.

*

Quelqu'un déclarait à un humoriste :

— Susceptible, moi ? Mais je suis le premier à rire de mes bévues.

— Quelle joyeuse vie vous devez mener...

*

De l'humoriste Popeck.

Agé de 90 ans et agonisant, Lévy, célèbre boursier, reçoit la visite de son ami, le rabbin Kahn, venu lui soutenir le moral en lui disant :

— Vous irez jusqu'à cent ans, je vous l'assure.

Et Lévy de répondre :

— Pourquoi voulez-vous que Dieu prenne à 100 ce qu'il peut avoir à 90 ?

*

Extrait des *Réflexions et dialogues* d'André Prévat.

— Ce n'est pas moi qui me vendrais pour un pot-de-vin.

— Ce sentiment, monsieur, vous honore.

— Remarquez, si encore il s'agissait d'un tonneau...

*

On demandait à Tristan Bernard s'il aspirait à se présenter à l'Académie.

— Académicien ? Non, le costume coûte trop cher. J'attendrai qu'il en meure un à ma taille.

*

— Dans ta jeunesse, disait Tristan Bernard à Alfred Capus, je suis sûr qu'il y a eu des jours où tu n'as pas dîné.

— Ce qui était le plus ennuyeux, commentait Capus, c'est que cela m'arrivait en général les jours où je n'avais pas déjeuné.

*

Francis Blanche envoyait régulièrement ce mot d'excuses aux veuves de ses amis :

— Je n'ai pu assister aux obsèques de votre mari, étant moi-même assez souffrant.

*

Sacha Guitry affirmait volontiers que la plupart des bègues sont des gens très spirituels. Il donnait pour exemple un certain Mariéton qui eut un jour une dispute avec un homme mal élevé et qui sut l'insulter en ces termes :

— Monsieur, vous... ê... tes... un malo... malo-tru.

— Moi, un malotru ! Retirez immédiatement ce mot !

— Ah non, j'ai eu trop de mal à le prononcer !

*

Dans un dîner, un invité, à qui l'on présentait la carte des vins en lui demandant de faire son choix, la repoussait en déclarant :

— Non, merci... Eau d'Evian...

Alfred Capus s'excusa et excusa ses amis :

— Pour nous, vosne-romanée, puis château-yquem. N'y faites pas attention, nous sommes au régime du vin à tous les repas.

*

Pierre Véron rapportait cette discussion surprise au restaurant.

— Garçon, des fautes d'orthographe !

— Mais, monsieur, nous n'en avons pas !

— Alors pourquoi en mettez-vous sur la carte ?

*

Le fantaisiste Henri Tisot fut sifflé par un policier alors qu'il venait de griller un feu :

— Excusez-moi, monsieur l'agent... Le feu n'était pas vraiment au rouge... Il était à l'orange.

— Oui, oui, à l'orange peut-être, mais il m'a bien semblé que votre orange était plutôt sanguine !

*

Sacha Guitry avait un rendez-vous, chez lui, avec un homme qui s'avéra être d'un rare sans-gêne.

A la fin de l'entrevue, Guitry présenta poliment au visiteur une boîte de cigares. L'individu n'hésita pas à se servir copieusement et à en glisser une douzaine dans ses poches en expliquant avec désinvolture :

— C'est pour la route.

— Merci d'être venu de si loin, répondit Guitry, simulant une satisfaction qu'il n'éprouvait point.

*

Jules Renard demande à une dame des nouvelles de son mari.
— Mon mari ! Il est mort...
— Oh, pardon !
— Mais ce n'est pas de votre faute !

*

Aurélien Scholl se souvenait avoir entendu une concierge dire à une jeune femme, d'allure fort légère, qui visitait un appartement :
— Madame, je tiens à vous prévenir que le propriétaire ne veut pas de femme seule.
— Si ce n'est que cela, il sera content, j'ai toujours du monde !

*

Rip, un humoriste du début du XXe siècle, avait passé un week-end dans une auberge épouvantable. Il en parlait avec quelqu'un qui s'exclama :
— Tu es allé là-bas ! mais on dit qu'il y a des fantômes ; dans cet hôtel, les morts reviennent.
— Ça m'étonnerait, on doit déjà avoir assez de mal à faire revenir les vivants !

*

Un ami de Jules Renard exprimait sa gratitude avec chaleur pour la somme d'argent que l'écrivain venait de lui prêter :

— Merci beaucoup, vraiment, merci mille fois !

— Soyez tranquille, je n'oublierai jamais le service que je vous ai rendu.

*

Un humoriste persan, Nasrieddin, s'était offert un perroquet à la surprise d'un de ses amis qui cherchait à comprendre le pourquoi de cette acquisition :

— Quel besoin avais-tu de posséder une telle bestiole ?

— On prétend que les perroquets peuvent vivre jusqu'à deux cents ans. Je voulais m'en assurer personnellement.

*

Un homme affirmait avec conviction à Maurice Donnay :

— Dans cette affaire, je ne veux pas passer pour un imbécile !

— Vous avez tort, cela vous serait plus facile !

*

Un écrivain médiocre présentait sa nouvelle œuvre à l'humoriste Alfred Capus :

— Cher ami, voici mon dernier livre.

— Le dernier ?... Parfait ! Parfait !

*

Répondant à une question sur Nietzsche, Jules Renard répondait :

— Ce que j'en pense ? C'est qu'il y a bien des lettres inutiles dans son nom.

*

Un jeune homme prétentieux déclarait à Alfred Capus :

— Moi, je n'ai jamais de rhume de cerveau !

— Cela ne me surprend pas ! Pour ma part, je connais un cul-de-jatte qui n'a jamais de cors aux pieds !

*

Le critique Robert Kemp arriva en retard à une générale. On le laissa gagner sa place en lui disant :

— Entrez, mais ne faites pas de bruit.

— Ah !? Tout le monde dort déjà ?

*

Un ami de la mère de madame Jules Renard lui demandait :

— Quand mènerez-vous votre fille dans le monde ?

— Oh ! les bons chevaux, on vient les chercher à l'écurie : inutile de les mener à la foire.

*

Pierre Sabbagh interviewait un explorateur des régions arctiques.

— Une chose m'a toujours intrigué : comment sait-on avec certitude qu'on a atteint le pôle Nord ?

— C'est très simple ! Un pas de plus et ce qui était un vent du nord cinq secondes plus tôt devient un vent du sud !

*

Aurélien Scholl faisait part à un ami de ses griefs contre son médecin qu'il jugeait dangereusement inefficace. L'ami prenait la défense du médecin qu'il connaissait depuis toujours. Scholl poursuivait son attaque :

— C'est un homme trop léger !

— Léger ? Allons, ce n'est pas une raison, ce n'est pas parce qu'il prend gaiement la vie...

— Oui, il prend gaiement la vie, la vie des autres !

*

A Samuel Bernard, financier du XVIIIe siècle, un vaniteux se vantait de sa condition :

— Apprenez, monsieur, que je suis homme de qualité !

— Et moi, si vous le permettez, je suis homme de quantité !

*

Quelqu'un disait devant Sacha Guitry :

— Nous sommes au-dessous de tout. Voilà trente ans que je ne cesse de répéter : «Ce qui compte, ce sont les actes, non les mots !»

— Sans doute, monsieur, n'avez-vous jamais envoyé de télégramme?

*

Au cours d'un repas peu copieux dont Tristan Bernard était l'un des convives, il se fit soudain un silence. L'un des invités s'écria :
— Un ange passe...
— Vite! qu'on le découpe, je me réserve une aile! lança Tristan Bernard qui n'avait pas mangé à sa faim.

*

Extrait du *Journal* de Jules Renard.
— Tout est dit.
— Oui, mais on le dit trop.

*

Au centre des propos : une mondaine extravagante. On expliquait à Aurélien Scholl :
— Elle a résolu de fermer sa porte à toutes les femmes qui se font remarquer.
— Diable! Comment fera-t-elle pour rentrer chez elle?...

*

Romancier et auteur dramatique, Pierre Veber parlait à Jules Renard de ses ennuis d'argent :
— J'ai mis une fois au Mont-de-Piété ma montre et ma chaîne, mais j'ai juré que je n'y remettrais plus les pieds.
— De toute façon, on ne les accepterait pas.

*

Un flatteur complimentait Aurélien Scholl pour l'un de ses derniers papiers :

— Ah ! monsieur Scholl, le bel article que vous avez fait ce matin dans le *Voltaire* !

— Vous êtes trop aimable.

— Je vous assure que j'ai rarement eu tant de plaisir qu'à sa lecture. Je l'ai même conservé. Tenez, je l'ai sur moi, là, dans la poche arrière de ma redingote.

— Là ? Il est bien près du but...

*

Un humoriste, achevant de déjeuner dans un restaurant, demanda l'addition. Trouvant la note trop élevée, il demanda à voir le patron :

— J'espère que vous allez me faire une réduction en tant que confrère ?

— Ah ! bien ! Vous êtes donc restaurateur ?

— Très exactement, je suis voleur.

*

Rip disait lui-même : « J'ai la dalle en pente ! » Il plaisantait volontiers avec ses amis sur son penchant certain pour la bouteille. Le sujet fut abordé lors d'une discussion avec Louis Verneuil. Rip se vantait :

— Jamais une goutte d'eau n'est entrée dans ma bouche !

— Comment faites-vous... pour laver vos dents ?

— J'ai un petit bordeaux léger...

*

Une chanteuse chantait horriblement faux. Le spectateur voisin de Tristan Bernard dit à celui-ci :

— C'est à croire qu'elle ne s'entend pas !

— C'est une idée, rétorqua l'humoriste. On pourrait lui dire qu'elle a fini.

*

Henri de Rochefort soulignait non sans vanité l'influence qu'il exerçait sur les nombreux lecteurs du journal *L'Intransigeant* qu'il dirigeait. Il en parlait avec Alphonse Daudet.

— Un mot de moi et cent mille descendent dans la rue pour aller où je leur dirai d'aller.

— Dans ce cas, mon cher Rochefort, vous me rendriez un fier service en leur disant d'aller à l'Odéon où l'on joue depuis quelques jours une de mes pièces qui ne fait pas un sou.

*

Maurice Bertrand, une figure de la société parisienne du début du XXe siècle, était souvent surpris en état d'ébriété. Mais il avait le champagne spirituel. Au baron Fouquier qui, un soir, voulait le raccompagner chez lui, il répondit, appuyé fermement à un lampadaire :

— J'attends... oui, j'attends... Je vois les maisons qui passent et dès que la mienne arrive, je saute dedans !

*

Extrait du *Journal* de Jules Renard :

— Ça me fait une belle jambe !

— Madame, vous n'aviez pas besoin de ça.

Jules Renard parlait avec son ami Tristan Bernard de Victor Hugo :

— A trente-quatre ans, Victor Hugo, paraît-il, voyageait incognito et trouvait son nom sur des murs d'églises !

— Oui, à sa seconde visite.

*

Alphonse Allais s'accrocha, au «Chat noir», avec un homme particulièrement musclé appelé Parisel et surnommé «Le Grand Français».

— Je vais t'arracher la tête comme à une mouche et t'éplucher comme une crevette !

— Et moi, qu'est-ce que je fais pendant ce temps-là ? répondit, désarmant, Allais.

*

Quelqu'un disait à Jules Renard :

— Il faudra que j'aille vous voir demain pour vous raconter mes embêtements.

— Ça fera deux personnes embêtées au lieu d'une.

*

Tristan Bernard affirmait que le mot de Cambronne avait été inventé après coup. Et l'humoriste l'expliquait dans un simple quatrain :

Cambronne — on y songe avec peine —
Ne se fût pas montré bien français
En criant aux Anglais le mot qui porte veine :
C'était fatalement assurer leur succès.

C.Q.F.D., en somme.

Le Canard enchaîné du 14 novembre 1928 inventa ce commentaire dialogué d'un livre d'André Maurois. Question à un lecteur imaginaire :

— Monsieur André Maurois vient de faire paraître *Climats*. Qu'est-ce que ça vous fait ?

— Cela ne me fait ni chaud ni froid.

*

Extrait du *Journal* de Jules Renard :

— Le temps perdu ne se rattrape jamais.

— Alors, continuons à ne rien faire !

*

Alfred Capus participait à un dîner quand un homme assez âgé lui adressa la parole :

— Bonjour, Alfred. T'en souviens-tu ? Nous étions ensemble en cinquième !

— Je veux bien croire, cher monsieur, que vous avez mon âge mais jamais je ne croirai que j'ai le vôtre.

*

Henri de Rochefort avait écrit un article où il descendait en flammes une mauvaise actrice. Son protecteur se vengea en adressant par dérision au journaliste un paquet de plumes d'oie. Rochefort fit cette réponse :

— Je savais bien que mademoiselle Blanche d'Antigny plumait ses amants, mais je ne pensais pas que c'était en ma faveur !

*

Comme on évoquait l'élection, à l'Académie française, d'un écrivain de seconde zone dont l'ascension sociale était due manifestement à une générosité ostentatoire, Tristan Bernard déclara :

— Je connais ce tartufe, c'est le fils de ses bonnes œuvres.

*

Dialogue cité par Aurélien Scholl :
— Vous savez ?
— Quoi ?
— Untel a fait fortune.
— Ce cuistre, ce goujat !
— Et il roule carrosse !
— Sans doute à la place du cheval ?

*

Un prétentieux affirmait :
— Il n'est pas né celui qui me prouvera que je n'ai pas de talent et que je suis un imbécile.
— Il n'est pas mort, non plus ! ajouta l'homme d'esprit, Silvestre.

*

On donnait des nouvelles d'un mauvais écrivain à Jules Renard.
— En ce moment, il a mal au pied.
— Dame ! A force d'écrire...

*

— C'est étonnant ce que cet homme vous ressemble, disait Jules Renard à Alfred Capus à propos d'une de ses propres connaissances.

— Et pourtant je ne l'ai jamais vu! rétorqua Capus.

*

Quand Alphonse Allais venait se faire payer au journal pour lequel il écrivait régulièrement, il avait l'habitude de dire qu'il venait toucher «son appointement». Le caissier lui fit cette remarque :

— Excusez-moi, monsieur Allais, mais on dit : «mes appointements».

— Bah, inutile de déranger le pluriel pour si peu!

*

Henri Monnier, le créateur du personnage de Monsieur Prudhomme, était en visite chez une dame.

— Bonjour, mon cher Monnier. Avez-vous de quoi vous asseoir ?

— Assurément, j'ai bien de quoi m'asseoir, mais je ne sais pas où le mettre !

*

Le même Monnier fut accosté par un inconnu qui le prit pour un autre :

— Pardon, monsieur, mais est-ce que vous ne seriez pas monsieur Balandard ?

— Non, monsieur, non... mais j'ai toujours désiré l'être !

— Je ne suis pas de votre avis ! disait une comtesse — qui en changeait souvent — à Rivarol.

Celui-ci précisa :

— Je pardonne aux gens de n'être pas de mon avis ; je ne leur pardonne pas de n'être pas du leur.

*

Extrait du *Journal* de Jules Renard :

— Ça me fait plaisir, ce que vous me dites là.
— Alors, je le regrette.

*

Jules Renard et Maurice Donnay échangeaient des impressions sur leur caractère respectif. Le premier avouait :

— Je serais désolé si je n'étais pas un peu poire.

— Moi aussi, dit Donnay, et je me garde pour ma soif.

*

Le même Maurice Donnay cite ce dialogue :

— Vous avez trente-cinq ans ! Mais vous m'avez déjà dit cet âge il y a au moins cinq ans !

— Parfaitement ! Je ne suis pas une girouette, moi.

*

Jules Renard rapporte ce mot de vieille femme :

— Mais vous n'y voyez plus, grand-mère !
— Je tricote au son de mes doigts.

*

Se rendant à une interview radiophonique, Sacha Guitry fut accueilli par une hôtesse très stylée qui, machinalement, lui demanda :

— A qui voulez-vous parler, monsieur ?

— Mais voyons, au monde entier !

X

THÉÂTRE

Un directeur de théâtre rapace discutait avec un auteur. Le directeur n'acceptait de monter la pièce qu'avec une participation financière substantielle de l'écrivain.

— Il me faut vingt mille francs pour monter ce chef-d'œuvre !

L'auteur accepta. Frédérick Lemaître, qui avait assisté à l'entrevue, s'étonna :

— Vous le laissez partir ! Voyons ! Il a encore sa montre !

*

Voltaire n'aimait pas Shakespeare. L'écrivain essaya de faire fléchir un ami, amateur du grand dramaturge anglais :

— Même dans ses pièces les plus pathétiques, il est souvent du plus mauvais goût.

— C'est qu'il peint des caractères bas.

— Pourquoi les choisit-il ainsi ?

— Ils sont dans la nature comme les caractères élevés !

— Avec votre permission, monsieur, aucun de nous ne montre son derrière et pourtant il est aussi dans la nature.

*

Sortant d'un théâtre où se jouait, sans aucun succès, l'une de ses tragédies, Piron fit un faux pas. Quelqu'un eut le réflexe de l'empêcher de tomber. Le vieux Piron réagit ainsi :

— C'est ma pièce qu'il fallait soutenir et non pas moi !

*

Dumas fils remporta un grand succès avec sa pièce *La Question d'argent*. Son père reçut lui aussi des compliments :

— Mes félicitations, monsieur Dumas !

— C'est vrai, j'ai fait ce qu'il y a de mieux dans l'œuvre.

— Comment cela ? Elle n'est pas entièrement de votre fils ?

— Si, si ! mais j'ai fait l'auteur.

*

On posait une question délicate à Sacha Guitry :

— Parmi vos œuvres, laquelle vous paraît pouvoir être qualifiée de chef-d'œuvre ?

— Impossible pour moi de vous répondre... Je change d'avis chaque jour.

*

A la création très applaudie du *Soulier de satin*, quelqu'un osa devant Paul Claudel émettre une réserve :

— Tout de même, il y a quelques longueurs...

— De quoi vous plaignez-vous ? rugit Claudel. J'aurais pu mettre la paire.

*

Après la création d'*Oreste*, Voltaire reçut de la maréchale de Luxembourg une lettre-fleuve de critiques.

Il répliqua par cette seule phrase :

— Madame la maréchale, on n'écrit pas Oreste avec un *h*.

*

Après une représentation, une admiratrice exprimait à Marcel Achard son enthousiasme :

— Maître, je n'ai jamais raté une de vos pièces.

— Madame, je ne peux pas en dire autant.

*

Henri Becque médisait sur le compte de certaines personnes quand un ami le contredit au sujet de l'une d'elles.

— Vous m'étonnez ! Cette canaille vous a dit du bien de moi ?... Oh ! le coquin... Il n'est donc pas aussi bête que je le croyais !

*

René Simon, professeur d'art dramatique, s'emporta en pleine classe contre l'un de ses élèves :

— Mon pauvre ami, qu'est-ce que vous allez

devenir ? Un comédien raté au chômage ! Et alors, que ferez-vous ?

— En ce cas, je n'hésiterai pas, j'ouvrirai un cours d'art dramatique !

*

La Reprise, une comédie de Maurice Donnay, fut fraîchement accueillie à sa création au Théâtre-Français. Un critique résuma l'échec ainsi :

— *La Reprise* ? Non, *La Rechute* !

Donnay répondit :

— Voilà qui me rajeunit d'une quinzaine d'années. Quand le Théâtre-Français reprit *Paraître*, le même critique fit déjà ce mot. Sa mémoire lui a toujours été plus fidèle que sa femme.

*

L'abbé Pellegrin, auteur contemporain de Voltaire, accusait ce dernier de l'avoir pillé.

— Comment, monsieur de Voltaire, vous qui êtes si riche vous prenez ainsi le bien des autres ?

— Quoi ! je vous ai volé ! Je ne m'étonne donc plus de la chute de ma pièce !

*

On accusait Alexandre Dumas d'abuser de ses nègres. Un de ses aides lui ayant fait un procès, Dumas fut entendu par le président du tribunal. Il montra tant de brio dans l'entretien que le président déclara soudain :

— Sapristi ! Il y a déjà trois heures que vous êtes là ! Je vous demande pardon ; mais je vais être en retard pour l'audience.

— Eh bien ! causez pendant le même temps avec mon collaborateur et vous me direz après qui est le véritable auteur de la pièce.

*

Dans *Primerose*, une pièce de Robert de Flers et Caillavet, une dame de condition bourgeoise, madame de Sermaize, reçoit Donatienne, qui sort d'un milieu modeste :

— Installez-vous bien, ma petite. Je veux que vous soyez absolument comme chez vous.

— Oh non ! Madame, voyez-vous, chez moi, on est très mal.

*

Extrait du théâtre de Courteline :

— Les bains de mer ! Se baigner avec un tas de gens qu'on ne connaît pas ! Dans la même eau !!!

— On ne peut tout de même pas vous donner une mer par personne !

*

Un auteur écoutait un critique éreinter un confrère :

— Il est nul, sans aucun intérêt !

— Votre jugement est injuste et me peine. Je l'aime beaucoup, moi, ce garçon. Il est simple, pas poseur et modeste. Et c'est si rare quand on n'a pas de talent!

*

Un confrère de Feydeau sortait une lettre de sa poche. Le grand dramaturge demanda :
— Qu'est-ce que c'est ?
— Une lettre de ma maîtresse !
— A qui ?

*

Défié en duel par un nommé de la Blache, Beaumarchais déclina l'offre en répondant :
— J'ai refusé mieux.

*

Lors du salut final d'une mauvaise pièce, une spectatrice, assise à côté de Marcel Achard, applaudissait à tout rompre. L'auteur dramatique, qui n'aimait pas la pièce, lança :
— Alors, comme ça, on se réchauffe !

*

Une pièce d'Yves Mirande n'avait aucun succès. Le directeur, pour le consoler, lui confia :
— Le public n'aime pas ça !
— Qu'est-ce que tu en sais, il ne vient pas !

*

Georges Feydeau était plagié par un grand nombre d'auteurs. Un jeune dramaturge, qui faisait partie des imitateurs, se confondait en formules de respect :

— Maître, votre théâtre est pour les nouvelles générations un enseignement précieux... une véritable école...

— Une école... oui... une école des Mines !

*

Une admiratrice questionnait avec volubilité Robert de Flers :

— Quelle est celle de vos pièces que vous préférez ?

— *Les Joies de l'interview !* inventa de Flers.

— Moi aussi ! affirma la dame.

*

— Que pensez-vous, demandait-on à Tristan Bernard, de la nouvelle pièce d'Henry Bernstein ?

— En fait, expliqua-t-il, je l'ai vue dans des circonstances défavorables : le rideau était levé.

*

Dumas père s'adressa à un metteur en scène pendant une répétition :

— Mon cher, quand un homme comme moi traite d'imbécile un homme comme vous, vous devez le croire sur parole !

*

Dans une pièce de Robert de Flers, Durand répond à la duchesse qui lui demande sa définition de la démocratie :

— Mon Dieu, madame la duchesse, démocratie est le nom que nous donnons au peuple toutes les fois que nous avons besoin de lui...

*

Georges Feydeau était interviewé par un jeune courriériste de théâtre :

— Mon cher maître, fait le journaliste, le temps me manque pour vous dire tout le bien que je pense de vous...

— Qu'à cela ne tienne, répond Feydeau, prenons date... et je vous donnerai toute une soirée.

*

Sortant fort éprouvé d'une pièce sinistre, Marcel Achard fut questionné par quelqu'un qui aurait voulu voir cette œuvre :

— Et alors ?

— Salle glaciale : un four !

*

Yves Mirande assistait aux obsèques de l'acteur Jules Berry, bien connu pour n'avoir jamais appris un seul mot des rôles qu'il jouait. Il lança :

— On rend enfin hommage à sa mémoire.

*

Dans un restaurant, Feydeau appelle le gérant et lui fait remarquer qu'il manque une pince au homard qu'on vient de lui servir.

— Il l'aura perdue à la bataille, dit le patron en souriant.

— Eh bien ! apportez-moi le vainqueur !

*

Devant l'insuccès du théâtre ouvert à son nom, rue du Rocher, à Paris, Tristan Bernard réagissait avec une merveilleuse élégance :

— On frappe les trois coups, un par spectateur.

XI

ARISTOCRATES ET INTELLECTUELS

Après le triomphe d'une de ses pièces, un gentilhomme vint féliciter Voltaire avec une familiarité qui lui déplut :

— Mes compliments, Voltaire !

— Merci, assurément, mais ne pourriez-vous pas dire «monsieur de Voltaire» ?

— Oubliez-vous la différence de naissance qui nous sépare ?

— Je ne l'oublie pas. Cette différence fait que je porte mon nom et que vous êtes écrasé par le vôtre !

*

Quelque temps avant la Révolution, un nommé Quatremer se vantait d'avoir obtenu une belle distinction, le cordon de Saint-Michel. Trouvant le commis chargé de l'envoi, il lui demanda :

— Puis-je mettre un «de» au-devant de mon nom ?

— Oui, monsieur. Vous pouvez même en mettre un à la fin, si cela vous fait plaisir.

*

Un Clermont-Tonnerre se promenait dans les terres de monsieur de Pontchartrain. Sur un pont étroit, les carrosses des deux hommes se rencontrèrent. Le postillon du propriétaire fit valoir son droit :

— C'est à moi de passer, je suis sur les terres de mon maître !

— Je me moque du pont, du char et du train, je mène le tonnerre !

Et ce dernier passa.

*

Emile Augier supportait de plus en plus mal les considérations d'un gentilhomme sur les droits de la noblesse. L'aristocrate lui posa cette question :

— Après tout, monsieur, de qui descendez-vous ?

— Monsieur, il y a des gens qui descendent de leurs ancêtres et d'autres qui en dégringolent ! Voulez-vous me donner à entendre que vous êtes de ceux-ci ? Entre nous deux, je reconnais, il est vrai, une différence, c'est que vous êtes le dernier de votre nom et que je suis le premier du mien.

*

Alexis Piron n'avait pu empêcher ses mains d'aller caresser les fesses royales. La reine réagit sur-le-champ :

— Je sévirai très violemment si vous ne me faites pas rire dans les minutes qui viennent !

Piron releva la gageure :

Si Votre Majesté a le cœur
Aussi dur que le cul
Piron sera foutu.

Mais la reine se mit à rire !

*

Le maréchal de Bassompierre, qui avait comploté contre Richelieu, moisissait depuis douze ans à la Bastille. Le gouverneur, entrant à l'improviste dans sa cellule, vit qu'il lisait la Bible :

— Que cherchez-vous dans ce livre ?

— Un passage pour sortir d'ici.

*

Une haine mutuelle animait La Rochefoucauld et le maréchal de Bassompierre. Quand celui-ci sortit de la Bastille, après ses douze années d'emprisonnement, La Rochefoucauld ne le rata pas :

— Vous voilà gros, gras, gris.

Bassompierre lança à La Rochefoucauld, qui se teignait la barbe et se fardait :

— Et vous, vous voilà teint, peint, feint.

*

Rivarol ne ratait aucune occasion de rabattre leur caquet aux «nobliaux» vaniteux :

— Monsieur Rivarol, se vantait l'un d'eux, je puis m'enorgueillir de savoir quatre langues.

— Je vous félicite. Vous avez quatre mots contre une idée.

*

Rivarol racontait cette anecdote :

— Un courtisan (et je ne crois pas qu'il y ait quelque chose au monde de plus sot qu'un courtisan) répondit à Louis XV, qui lui demandait l'heure :

— Sire, il est l'heure qu'il plaira à Votre Majesté.

*

Monsieur de Corbière, ministre de Louis XVIII, prenait ses aises partout. A une réunion dans le cabinet royal, il sortit sur le bureau son mouchoir, sa tabatière, ses lunettes... Louis XVIII s'étonna :

— Mais il me semble, monsieur de Corbière, que vous videz vos poches !

— Votre Majesté aimerait-elle mieux que je les remplisse ?

*

Le comte de Bonicelli eut une telle querelle avec un cocher de fiacre romain qu'il finit par le gifler. Le cocher porta plainte.

Au moment du verdict, le juge annonça la peine :

— Cinquante lires d'amende, monsieur le comte !

Bonicelli tira de son portefeuille un billet de cent lires, le tendit d'une main au cocher et de l'autre lui donna un superbe soufflet en disant :

— Gardez tout, vous êtes payé !

*

Frédéric II vouait à Voltaire une grande amitié, ce qui lui permettait de rivaliser d'humour avec lui. Ayant un jour invité le philosophe à dîner, le roi de Prusse plaça sous son assiette un mot où était inscrite cette appréciation :

«Voltaire est le premier des ânes. Frédéric II». Voltaire découvrit le message et lut à haute voix :

«Voltaire est le premier des ânes. Frédéric le deuxième.»

*

Le marquis de Balincourt, un capitaine de vaisseau de la Belle Epoque, était peu conformiste. Quelqu'un faisait état de la faible dot d'une jeune fille :

— Elle a tout juste dix mille francs de dot! Et elle tient à mener une vie chrétienne.

— Avec ça, c'est bien tout ce qu'elle pourra faire !

*

Le duc d'Orléans, le père de Philippe Egalité, était obèse, mais toujours bienveillant. Un jour, il raconte à ses gens la mésaventure qui lui est arrivée lors d'une partie de chasse :

— Mon cheval a rué... j'ai failli tomber dans un fossé.

— Monseigneur, le fossé en aurait été comblé ! commenta un des courtisans à l'hilarité générale, et à celle du duc en premier.

*

Le marquis de Bièvre reçut la nouvelle de la mort du maréchal de Conflans sans se départir de son esprit :

— Voilà une fausse nouvelle.

— Vous ne croyez donc à rien ?

— Pourquoi cela ? Je parle d'une fosse nouvelle à creuser, rien de plus !

*

Louis XVI, parlant avec le marquis de Bièvre, lui demanda :

— Marquis, vous qui faites des calembours, faites-en donc un sur moi !

— Sire, vous n'êtes pas un bon sujet.

*

Au XVIIIe siècle, un médecin célèbre fut appelé à la cour pour accoucher la Dauphine. Monsieur le Dauphin s'adressa à lui :

— Vous êtes bien content, monsieur Levret, d'accoucher madame la Dauphine ; cela va vous faire de la réputation.

— Si ma réputation n'était pas faite, je ne serais pas ici...

*

Le marquis de Marivault, grand invalide de guerre, venait demander une aide à Louis XVI qui répondit évasivement :

— On verra !

— Si j'en avais dit autant à l'heure de se battre, je n'aurais pas un bras de moins !

*

A une comtesse dont les conquêtes étaient plus nombreuses que les siennes, Napoléon demanda, devant tous :

— Eh bien, madame, aimez-vous toujours autant les hommes ?

— Oui, sire... quand ils sont polis !

*

— Il faudrait faire fouetter Marie-Antoinette pour ses frivolités ! déclarait une duchesse à Rivarol.

— Madame, murmura-t-il, quand on fouettera la reine, que pensez-vous qu'on fera aux duchesses ?

TABLE

INDEX

RÉFÉRENCES BIBLIOGRAPHIQUES
(non exhaustives)

OUVRAGES DIVERS

L. Battifol et A. Hallays. *Les Grands Salons littéraires*. 1928.

Hervé Bazin. *Traits*. Seuil. 1976.

André Billy. *L'Epoque 1900*. Taillandier.

Pierre Bouchardon. *Les Procès burlesques*. Perrin.

Guy Breton. *Le Cabaret de l'histoire* (2 tomes). Presses de la Cité. 1974.

Guy Breton. *Histoire malicieuse des grands hommes*. Presses Pocket.

François Caradec. *Feu Willy*. Pauvert/Carrère. 1984.

Raymond Castans. *Les Meilleurs Amis du monde*. J.-C. Lattès. 1985.

Cavanna. *Le saviez-vous?* Pierre Belfond. 1987.

Jacques Chabannes. *De A à Z*. Presses de la Cité. 1984.

Nicolas de Chamfort. *Maximes et pensées / Caractères et anecdotes* (Folio Gallimard).

Michel Chrétien. *Esprit, es-tu là?* Gallimard.

P. Chaponnière. *La Vie joyeuse de Piron*. 1935.

Pierre Charron. *Les Epigrammes du siècle*. Le Siècle. 1924.

Michel Chrestien. *Le Savoir-rire jour et nuit*. Hachette.

André Damien. *Les Avocats du temps passé*.

Dominique Desanti. *Sacha Guitry*. Grasset. 1982.

Pierre Desproges. *Vivons heureux en attendant la mort* et *Chroniques de la haine ordinaire*. Seuil. 1983.

Jean Dutourd. *Ça bouge dans le prêt-à-porter*. Flammarion. 1989.

J. Dutourd et J.-E. Hallier. *Le Mauvais Esprit*. Orban. 1988.

Georges Elgozy. *De l'humour*. Denoël. 1979.

Jean Galtier-Boissière. *Mon journal pendant l'Occupation*.

A. Georges-Michel. *Un demi-siècle de gloires théâtrales*.

André Gillois. *La République a bon dos*. Hachette.

Jules et Edmond de Goncourt. *Journal*.

Henri Guillemin. *L'Humour de Victor Hugo*. La Baconnière. 1951.

Sacha Guitry. *L'Esprit*. Presses Pocket.

Sacha Guitry. *A bâtons rompus*. Perrin. 1982.

Armand Isnard. *Les Perles de la Ve République*. La Détente. 1979.

Henri Jeanson. *Soixante-dix ans d'adolescence*. Stock. 1971.

Hervé Lauwick. *Le Merveilleux Humour de L. et S. Guitry*. Fayard. 1959.

Hervé Lauwick. *D'Alphonse Allais à Sacha Guitry*. Plon. 1963.

Jean Mistler. *Bon poids*. Grasset. 1976.

Christian Moncelet. *Fouchtrah! ah! ah!* (deux tomes). Horvath. 1982/1983.

Daniel Oster. *Histoire de l'Académie française*.

R. Pierre et J.-M. Thibault. *C'est pour rire*. Stock. 1974.

Carlo Rim. *Le Grenier d'Arlequin*. Denoël. 1981.

Jean Rivoire. *Vacheries, Petit dictionnaire des insolences*. Le Cherche Midi Editeur. 1990.

Claude Roy. *L'Etonnement du voyageur*. Gallimard. 1990.

Robert Sabatier. *Dictionnaire de la mort*. Albin Michel. 1967.

San Antonio. *San Antoniaiseries*. Fleuve Noir. 1989.

Les Mots en épingle de San Antonio. Fleuve Noir. 1982.

Alfred Sauvy. *Aux sources de l'humour*. Odile Jacob. 1988.

Pasteur Valéry-Radot. *Mémoires d'un anti-conformiste*.

Alexandre Vialatte. *Almanach des quatre saisons*. Julliard.

Voltaire. *Facéties*. P.U.F. 1973.

ANTHOLOGIES, DICTIONNAIRES, OUVRAGES DE RÉFÉRENCE

Jeanne Brunet. *Le Livre d'or de l'esprit français*. P. Belfond.

Raymond Castans. *Dictionnaire de l'esprit*. Editions de Fallois. 1991.

B. de Castelbajac. *Les Mots les plus drôles de l'histoire*. Perrin. 1988.

Duc de Castries. *La Vieille Dame du quai Conti*.

Jérôme Demoulin. *Rires et sourires*.

Albéric Deville. *Bievriana*.

Albéric Deville. *Révolutioniana*.

Jérôme Duhamel. *Le Grand Méchant Dictionnaire*. Seghers. 1985.

Jean-Pierre Foucault. *Le Dictionnaire de l'Académie des 9*. RMC. 1986.

Claude Gagnière. *Au bonheur des mots*. Robert Laffont. 1989.

Jean-Paul Lacroix. *H comme humour*. Jacques Grancher. 1983.

Jean-Paul Lacroix. *La Presse indiscrète*. Julliard.

Jean-Paul Lacroix. *Le Palais indiscret*. Julliard.

Lorédan Larchey. *L'Esprit de tout le monde* (publié au siècle dernier).

Louis Loire. *Anecdotes* (publié au siècle dernier).

Maurice Maloux. *L'Esprit à travers l'histoire*. Albin Michel. 1977.

Maurice Maloux. *Dictionnaire humoristique*. Albin Michel. 1965.

Jean-Marie Monod. *La Férocité littéraire*. La Table Ronde. 1983.

Ouvrages de la collection «En verve». Editions Horay.

Ouvrages de la collection «Les Pensées». Le Cherche Midi éditeur.

Léon Treich, artisan de la collection «L'esprit de...» (Hugo, Dumas, Willy, Clemenceau, Bernard, Guitry, Scholl, Donnay, Feydeau, Forain...) et des séries «Histoires théâtrales», «Histoires littéraires»... Dans les années 20, chez Gallimard.

L'Esprit du XVIIIe siècle (deux volumes). Anonyme.

Ernest Mignon. *Les Mots du Général*. Fayard. 1962.

PÉRIODIQUES

De nombreux journaux font ou ont fait (soit régulièrement, soit épisodiquement) une place variable à des bons mots succulents, à des échos souriants, à des reparties bien envoyées. Certains traits d'esprit ont été rapportés par *Le Canard enchaîné*, *Le Crapouillot*, *Le Hérisson*, *Marius*, *Points de vue*, *Paris-Match* (notamment rubrique «Mes gens» de Philippe Bouvard)... et d'autres organes de presse au détour de l'interview d'un Antoine Blondin, d'un Dutourd, d'un Hallier, d'un Coluche, d'un Roussin, d'un Achard, d'un Picasso, d'un Ionesco... ou au cours de tel article sur les répliques de cinéma (*Télérama*). Quelques reparties ont parfois été saisies au vol lors d'une émission de radio ou de télévision.

Littérature extrait du catalogue

Cette collection est d'abord marquée par sa diversité : classiques, grands romans contemporains, témoignages. A chacun son livre, à chacun son plaisir : Henri Troyat, Bernard Clavel, Guy des Cars, Frison-Roche, Djian, Belletto mais aussi des écrivains étrangers tels que Virginia Andrews, Nina Berberova, Colleen McCullough ou Konsalik.

Les classiques tels que Stendhal, Maupassant, Flaubert, Zola, Balzac, etc. sont publiés en texte intégral au prix le plus bas de toute l'édition. Chaque volume est complété par un cahier illustré sur la vie et l'œuvre de l'auteur.

Composition Interligne B-Liège
Achevé d'imprimer en Europe (France)
par Brodard et Taupin à La Flèche (Sarthe)
le 12 août 1993. 6496H-5
Dépôt légal août 1993. ISBN 2-277-23516-4

Éditions J'ai lu
27, rue Cassette, 75006 Paris
Diffusion France et étranger : Flammarion

3516